길 위의 인문학

'희(希)'의 상실, 고전과 낭만의 상처

최 재 목 지음

지식과교양

책 머리에

> "대지와 하나 되는 것, 맨발은 그것을 가르친다.
> 걷기는 삶의 가장 순수한 몸짓을 풀어내고 거두어들인다.
> 순전히 두 발로, 그것도 맨발로, 홀로 일어서는 직립의 힘이다."
> – 최재목, '걷기, 나를 찾아 가는 가장 순수한 몸짓' 중에서

글을 쓴다는 것은 고통 스러운 일이다. 그러나 즐거운 일이다. 글이 나를 나를 자유롭게 하기 때문이다.

이 책에 실린 글들은 최근 10여 년 간 길 위에서 사색해 오며 써댔던 다방면의 글들이다. 더 이상 방치하다간 파탄이 날 거라는 직감이 들어 이번에 늦은 밤까지 버티며 목차를 정하고 보완한 것이다. 모든 것이 다 때가 있는 법. 더 이상 미룰 수가 없다는 생각이 물씬 치밀어 올라, 그대로 행동으로 옮겼다.

그 동안 내가 해왔던 길 위의 방황과 유랑, 안착하지 못한 한 인간으로서의 실존적 고독과 번뇌, 사람 사이에 살아가는 힘든 순간순간, 나는 이것들을 외부적 투쟁이 아니라 솔직히 내적인 글쓰기로 뚫고 나가려고 했었다. 가능한 한 남들과 소통하는 투명한 언어로 나즉히 나

를 빨래 줄에 내걸 듯 보여주려 했다. 별로 만족할 정도는 아니지만 모두 이런 저런 기회에 발표했던 글들임에는 분명하다.

강의 틈틈이 외부 강연을 하면서 나는 문자-논리-체계에 젖어 안주하는 그 집요하고도 못된 지식인의 버릇을 버리고 저 일상과 대중의 지평에 서고자 노력하고 있다. 평범 속에서 스스로를 단련시키려는 안간힘이다. 대중들과 소통하면서 나는 오히려 많이 배운다. 문자(Literacy)가 아닌 구술(Orality)로서 생명의 숨결로 교감하고, 어느 정도의 태도와 자세로서 타자와 소통할 것인지를 가늠하고 있는 것이다. 지식은 어떤 의미에서 폭력이고 오만이다. 지식인은 한편으로는 새디스트적이고 매조키스트적이다. 펜으로 무언가를 쓴다는 것은 종이를 학대하는 일이고, 나를 백지에 찍어대거나 내 생각을 강요하며 쑤셔 박는 일이기에, 지극히 가학적이고, 남성적이고, 제국주의적이고, 포악한 일이다. 내 시선이 그림을 쏘아보는 미술 관람처럼, 바깥으로 향하는 눈을 집요하게 키우는 일이다. 다른 한편으로는 생각하면 글을 쓰는 일은 스스로를 안으로 성찰해 들어가는 일이며, 홀로 고백-독백적으로 자신과 깊이 대화해 가는 일이다. 조용히 자신의 이야기를 스스로에게 고백하고 설득하고, 자신이 자신의 이야기를 듣고, 삭이고, 껴안는 일이다. 그래서 자학적이고, 수용적이고, 여성적이며, 인내하는 일에 참여한다. 마치 눈을 지긋 감고 음악을 감상하는 일처럼 말이다.

많은 다양한 글들을 〈1. 걷기, 멍 때림; 2. 필로소피아에서 철학으로; 3. 유럽이 지은 '인문의 숨결'; 4. '고전'과 '개성'의 사이에서; 5. 위로의 인문학; 6. 문학, 예술의 허허 벌판에 서서)처럼 여섯 파트로 나누었다. 엇박자도 있을 수 있으나 대략 최재목이라는 한 인간의 고민이 유사한 '문법 내'에서 대화하고 있음을 느꼈다. 그리고 큰 틀에서 변화가 없음을 실감하였다. 그것이 나의 톤이고 색깔임에 분명하다.

동양철학, 비교동아시아사상사, 시 작업, 예술비평 등을 통해서 나는 가끔, '무엇을 하고 있는가?'라고 의아해 하며, 헷갈리는 지점에 서기도 한다. 그러나 이것은 즐거운 도전이고 시련이다. 탈경계, 무경계로 나아가기 위해서는 나의 아이덴티티를 느슨하게 · 탄력적으로 지키면서 다양한 장르들과 끊임없는 대화를 해야만 한다. 나의 내면을 넘어서는 '내월'(內越), 그리고 타자와 수많은 장르를 넘어서는 '간월'(間越), 서로 함께 껴안고 기어서 함께 넘어서는 '포월 · 공월'(抱越 · 共越)의 작업을 거쳐야만 한다.

이 책에서는 '길 위' 사색과 고뇌를 담은 '인문학'이지만, 부제에 붙었듯이, 철학이 상실한 끊임없는 '희구(希, philo)'의 정신을 얼마라도 살려보려고 하였다. 아울러 고전주의 딱딱하고 경직된 형식적, 꼰대적인 '본' 지향과 낭만주의 '개성 · 자유 · 생명' 지향을 대비적으로 보여주면서 궁극적으로는 낭만주의의 길을 걸어보고 싶었다. 고전주의는 원본 · 원초로 돌아갈 수 없는 상실감 · 그리움에서 생겨났으며, 그 이후는 낭만주의로 대체됐지만 우리 학문에서는 그것이 뒤죽박죽으로 되어 있는 것도 사실이다. 그러나 우리가 이런 갈등과 고민을 한다는 것 자체가 이미 낭만주의적이라는 사실을 알아야 한다. 이 책에서 나는 나의 자유로운 비평적 글쓰기를 보여주면서 실제 내가 '길 위의 인문학'을 어디로 끌고 가고자 했던가를 조금이나마 보여준 셈이다.

책의 내용이 좀 불편하고, 엇박자를 보여주더라도, 이곳에 제시된 것이 처음이고 끝이니 - 이것이 바로 필자의 한계이기에 - 어쩔 수 없다. 그래서 있는 그대로 따라가면서 음미하거나 아니면 그냥 쿨하게 책을 덮을 수밖에 없다.

출판 상황이 어려움에도 흔쾌히 간행을 해준 〈지식과교양〉에 감사드린다.

2017년 8월 25일
대구 시지동 목이재(木耳齋)에서
최재목 적다

1

걷기,
멍 때림

걷기, 나를 찾아 가는
가장 순수한 몸짓

'知足之足', 삶의 만족도는 자신의 '발 사이즈'를 제대로 아는 데서

『노자』에 '지족지족(知足之足)'이란 말이 나온다. 보통 '만족함을 아
는 만족'이라 풀이한다. 나는 이것을 이렇게 수정하고 싶다. '자신의
발 사이즈를 잘 아는 만족'이라고. 즉 만족은 자신의 '발'을 제대로 아
는 것에서 시작된다는 말이다. 발의 상태, 발의 사이즈 등등을 제대로
아는 것이 나의 길을 잘 걸어가는 기본이며, 내 삶을 살아가는 방법이
다. 헐렁한 신발, 아픈 발로는 길을 걸어 나갈 수 없다. 삶의 만족은 자
신이 어디까지, 어느 정도 잘 걸을 수 있느냐이다.

"행행도처(行行到處), 지지발처(至至發處)"라 하지 않았던가. "가도
가도 그 자리, 걸어도 걸어도 떠난 자리"이다. 삶에서 대폭적인 진보는
없다. 순간 순간의 진보 밖에. 결국 진보란 자신을 알아가는 일이다.
"오늘도 걷는다 마는...", "가도 가도 끝이 없는...." 것.

자신의 발사이즈를 제대로 아는 일, 그것을 넘어서서 신발을 고르지 않는 일, 걷기는 그런 기초에 충실해야함을 알려준다. 신의 척도가 신발이듯, 소유의 척도는 신체이고, 그것을 재는 방법은 걷기 아닌가. 에픽테토스는 말한다.

마치 발이 가죽신의 척도인 것처럼, 각자에게 소유의 척도는 그의 신체이다. 만일 네가 이것을 지킨다면 너는 그 척도를 유지할 것이다. 그러나 만일 그것을 넘어 발을 내민다면 너는 어쩔 수 없이 결국에는 낭떠러지 아래로 떨어지게 될 것이다.

또한 가죽신의 경우에서처럼, 만일 네가 '발'을 넘어서 [발을] 내디딘다면, 너는 금박을 입힌 가죽신을 얻을 것이고, 그 다음에는 자주색의 가죽신을, 그 다음에는 수를 놓은 가죽신을 얻을 것이다. 왜냐하면 일단 그 척도를 넘어서게 되면, 어떤 한계도 없기 때문이다.

가장 순수한 몸짓, 걷기

강의가 없는 날 쫓기는 일이 없을 때 가방을 집에 벗어두고 나는 가끔 걸어서 출근한다. 운동도 할 겸, 새로운 구상도 할 겸, 걷는 일이 즐겁다. 집에서 대학까지 차로는 20여분, 걸어서는 1시간 20여분. 두 발로 뚜벅뚜벅 걸어서 출근하는 날, 나는 내가 비로소 사람임을 느낀다. 온몸을 감싼 옷을 훌훌 벗어던지고 맨몸으로 욕조에 들어가는 순간처럼 몸이 홀가분해진다.

가만히 나의 하루를 살펴본다. 걷는 시간보다 차를 타는 시간이 훨씬 많을 때도 있다. 나이가 들고 시간에 쫓길수록 차와 친숙해갔다. 그러나 유년을 돌이켜 보니, 나는 늘 걸어 다녔다. 등하교 길 10리는 신작로 양 옆으로 줄지어선 미루나무 밑을 따라 그저 타박타박 걷는 재미로 쏠쏠하였다. 길바닥의 돌들을 신발 끝으로 톡톡 차면서, 푸르게 일어서는 풀들의 고갱이를 쿡쿡 밟아가면서, 논둑 밭둑의 꽃줄기를 똑똑 꺾으면서, 곤충들을 토닥토닥 잡아가면서…. 흥이 나면 아예 옆길로 새어 도랑으로 달려가 물장구도 치고, 돌팔매질도 하고…. 그러다 보면 어느 새 학교 앞, 집 앞이었다.

  내 인생의 가장 순수한 몸짓이 거기서 고갱이를 펴고 있었다. 몸의 생기가 얼굴을 쳐들고 천진난만 자연과 교감하고 있었다. 나는 대지 속에서 내가 내 몸을 펴는 방법들을 익히고 있었다. 내 몸의 뿌리와 줄기와 가지와 이파리들이 어떻게 뻗어 가야 하는가를 스스로 터득하고 있었다. 가장 순순한 몸짓, 그것은 바로 자연이 끌어당기고 하라는 대로 이끌리며 내맡기는 일이었다. 제철 과일처럼 타이밍을 따를 수밖에. 비에 젖고, 뙤약볕에 그을리고, 눈발 속에 파묻히고, 바람에 쏠리고, 먼지에 뒤덮이고, 풀잎과 낙엽에 묻히고, 어둠과 안개에 갇히며 함께 하며 걸을 줄 알았다. 세상 속에 이루어지는 모든 놀이들처럼, 나름의 규칙에 따라 1막, 2막…, 내 몸은 자연과 아무 간극(=사이) 없이 한 형제처럼 잘 지낼 줄 알아야 했다.

  황무지 위에 풀이 돋아나는 것처럼, 그 풀이 땅의 법칙으로 도망칠 수 없는 것처럼, 내 걸음은 차츰 삶의 한복판에서 갈피를 잡으며 뿌리 내리는 일이다. 흔들리지 않으려면 다리가 튼튼해야 하고, 발목을 삐지 말아야 한다. 홍수와 폭설, 천둥과 번개 속에서, 내가 어떤 걸음걸이로 무엇을 조심하며 걸어가야 하는가는 어른들과 형들이 넌지시 일러줬다. 나의 몸 '짓'에 이력이 쌓이고, 위치가 생기고, 의미가 만들어졌다. 나의 걷기는 결국 내 두 발이 써 대는 몸의 순수한 글귀였다. 낙서처럼 보일지라도 모두 정연한 문법을 갖고 있었다.

잃어버린 '나'를 찾아서

"오늘도 걷는다 마는 정처 없는 이 발 길~♬"이란 노래처럼, 삶은 나그네 연습을 하는 일이다. 나그네가 되는 일이다. 잘 걸으면 살고 잘 걷지 못하면 죽는다. 정처(定處) 없는 곳을 늘 두 발로 걸어 다닐 수 있다면, 살아 있다는 말이다. 그러나 걷기를 그만두고, '정주(定住)하게 된다면 내 발은 결국 무덤 속에 묻힌다. 죽음이다. 두발로 걷고 있을 때 비로소 내가 몸을 가지고 나의 삶 한 복판에 우뚝 서 있다는 의미이다.

몸은 무한할 것 같지만 그것은 환상이고 착각이다. 우둘투둘한 지면에 이미 발을 대기 시작했다면, 그것은 전적으로 나의 몸을 스스로 감당하며 걸어가야만 한다. 오르막 내리막에 당도하면 내 몸의 무게, 근육의 정도를 금방 알아차릴 수 있다. 들고 있는 짐의 양이 적당한지 버거운지 몸은 안다. 더위 속에서 숨을 헐떡이고 땀을 찔찔 흘려대다 보면, 체력의 '바닥(한계상황)'을 가늠할 수 있다.

몸은 할 수 있는 것 혹은 할 수 없는 것이 무엇인지 분명하게 '선'을 그어준다. '한계선'을 긋는 잣대가 내 몸 속에 있다는 말이다. 걸어야 할 속도, 달릴 수 있는 거리, 쥐고 가질 수 있는 짐의 양을 구체적으로 제한해준다. '나의 끝' 그 상세목록을 보여준다.

그렇다. 우리는 잃어버리고 살고 있지만, 걸어 다녀 보면 금방 알게 된다. 내가 어떤 상태의 사람인지. 내가 지금 여기에 살아가고 있는 그

현실의 모습과 그 구차한 조건들을.

신발, '발의 팬티'

길을 걸으면 길의 이야기를 들을 수 있다. 땅의 색깔과 소리를 보고 들을 수 있다. 그러나 차를 타고 다니면 철판과 유리, 그리고 신호체계가 나와 대지 사이를 갈라놓는다. 그 이분과 분열 속에 갇히면 '몸을 가진 나'는 망각되고 만다.

차는 내가 들고 다닐 짐의 몇 수십 배를, 내가 하루 동안 걸어 다닐 수 있는 이동거리의 몇 백배 몇 천배를 단박에 해결해준다. 나를 대신하여, 내 욕망을 해결해주는 차 때문에 나의 두 발이 해야 할 역할은 상실된다. 차의 의자에 몸을 맡기면 나의 몸무게, 몸 상태는 순간 잊는다. 나는 나로부터, 대지로부터, 이중 삼중으로 멀어지고, 차가 나를 대신하여 대지를 주름잡고 장악하도록 조종한다.

나의 하체에 속옷 즉 팬티가 있다면, 발에는 신발이 있다. 신발은 발을 보호하는 동시에 발을 망가뜨린다. 땅과 나 사이에 막을 형성하게 한다. 그래서 나의 몸을 대지로부터 분리시킨다. 하여 신발은 발의 기쁨이면서 동시에 슬픔이다. 신발을 벗는다는 것은 죽음을 상징하기도 한다. 문명을 벗어던지고 자연 자체로 돌아가는 일이기 때문이다. 맨발은 나의 신체 그 자체로 돌아가는 일이다. 문명의 이분법과 질서를 벗어던지고 일체와 혼돈으로 귀환하는 일이다.

맨발로 땅을 밟으면 땅의 맛과 멋이 올올이 나에게로 성큼성큼 걸어 들어온다. 자연의 운율과 문법에 따라 두 발은 자신을 거기에 맡긴다. 살아남기 위해 새로운 적응하기 시작한다. 비로소 나의 몸이 자연

속에 있음을 알기 시작한다. 가끔 맨발로 걸어라! 목욕탕이나 해변에서 맨몸으로 물속을 헤엄치듯이! 맨발이 되는 것은 맨몸으로 대지에 다가서는 일이다. 아니 자기 자신에게 가장 순수히, 가까이 다가서는 훈련이다.

일단, 걸어라! 자신의 이야기를 가져라!

기차 속에서 신문을 보다가, 최근 간행된 소설가 이외수의 신간 홍보 문구를 읽었다.

"방황은 고통스러운 자만이 갖는 가장 아름다운 자유다."

나는 그 옆에 이렇게 적어보았다.

"걷기=버리고 떠나는 연습! 고뇌와 상처에 머물러 지친 자들만이 갖는 가장 순수한 자유의 몸부림. 자신 앞에 당당히 서는 마지막 용기."

그렇다. 걷기는 어설픈 나를 버리는 훈련인 동시에 진정한 나를 찾는 연습이다. 신발의 '벗기'와 '신기' 사이, 그 아슬아슬한 사이에 우리 삶이 있다. 그것이 바로 걷기의 에로티시즘이다.

산다는 것은 신발을 벗지 않는 일이지만, 결국 벗어야 할 운명 앞에 당도한다는 다짐이다. 대지와 하나 되는 것, 맨발은 그것을 가르친다. 걷기는 삶의 가장 순수한 몸짓을 풀어내고 거두어들인다. 순전히 두 발로, 그것도 맨발로, 홀로 일어서는 직립의 힘이다. 직립해야 자유로운 보행도 가능하다. 그것이 사색이고, 세계를 이야기로 풀어내는 능력이다.

자신 앞에 당당히 다가서고, 자신의 글과 이야기를 가지려면, 일단 걸어라!

걷기, '존재의 행복'='청복(淸福)'을 얻는 일
다산 정약용은 말한다.

　세상에서 이른바 복이란 대체로 두 가지가 있다. 외직으로 나가서는
대장기(大將旗)를 세우고 관인(官印)을 허리에 두르고 풍악을 잡히고
미녀를 끼고 놀며, 내직으로 들어와서는 초헌(軺軒 종2품 이상이 타던
수레)을 타고 비단옷을 입고, 대궐에 출입하고 묘당(廟堂)에 앉아서 사
방의 정책을 듣는 것, 이것을 두고 '열복(熱福)'이라 한다.

　깊은 산중에 살면서 삼베옷을 입고 짚신을 신으며, 맑은 샘물에 가서
발을 씻고 노송(老松)에 기대어 시가(詩歌)를 읊으며, 당(堂) 위에는
이름난 거문고와 오래 묵은 석경(石磬 악기의 일종), 바둑 한 판[枰],
책 한 다락을 갖추어 두고, 당 앞에는 백학(白鶴) 한 쌍을 기르고 기이
한 화초(花草)와 나무, 그리고 수명을 늘이고 기운을 돋구는 약초(藥
草)들을 심으며, 때로는 산승(山僧)이나 선인(仙人)들과 서로 왕래하
고 돌아다니며 즐겨서 세월이 오가는 것을 모르고 조야(朝野)의 치란
(治亂)을 듣지 않는 것, 이것을 두고 '청복(淸福)'이라 한다.

　사람이 이 두 가지 중에 선택하는 것은 오직 각기 성품대로 하되, 하
늘이 매우 아끼고 주려 하지 않는 것은 바로 청복(淸福)인 것이다. 그러
므로 열복을 얻은 이는 세상에 흔하나 청복을 얻은 이는 얼마 없는 것
이다.(《다산시문집》제13권, 〈병조참판 오공 대익(吳公大益)의 71세 향
수를 축하하는 서〉)

즉, 사람에게 두 가지 복이 있는데, '벼슬하고 명예를 갖고 화려하게

사는' '열복(熱福)=뜨끈한 행복'과 '은거하며 산천으로 걷고 돌아다니는' '청복(淸福)=맑은 행복'이다. 전자는 소유의 행복이고 후자는 존재의 행복이다. '소유에서 존재로' 다가가는 연습, '무언 가를 많이 가진 기쁨'이 아니라 '있는(=내가 살아 있고 천지에 만물이 존재한다는) 사실 그 자체의 기쁨'으로 나아가는 일이다.

〈바람의 신부〉 생각

무명 · 풍, 무명=풍

인간의 욕망은 한이 없다. 맹목적으로 '조금만 더 조금 만 더'하고 원한다. 고은이 여수(旅愁)라는 시 가운데서 읊었다: "서귀읍 앞바다 에 비가 내린다/껴안아도/또 껴안아도/아득한 아내의 허리"라고. 이 처럼 욕망은 부여잡아도 부여잡아도 참 아득하고 끝없는 것 아닌가.

오스카 코코슈카가 그린 〈바람의 신부〉(1914)를 보고 있으면 허망 함이 밀려온다. 그렇다. 수컷들이 '껴안고 또 껴안는' 저 암컷들은, 그 들(수컷들) 팔 너머에서 그네들(암컷들)의 잠에 취해 있을 뿐, 수컷들 을 전혀 쳐다보지 않는다.

"나는 삼중으로 고향이 없다. 오스트리아 안에서는 보헤미아인으 로, 독일인 중에서는 오스트리아인으로, 세계 안에서는 유대인으로서. 어디에서도 이방인이고 환영 받지 못한다.”고 했던 작곡가 구스타프 말러. 그는 부인 알마에게도 환영받지 못했다. 바람둥이였던 알마는, 한 마디로 ‘그녀를 위해 살다, 그녀를 위해 죽었다’. 첫 남편 말러가 유작 교향곡 제10번 악보의 마지막 페이지 여백에 남긴, “오직 너만이 이 뜻을 이해할 테지. 안녕, 안녕, 나의 리라…당신을 위해 살고 당신을 위해 죽는다, 알마.”라는 유언이 잘 말해준다. 말러의 삶과 음악에서 느끼는 불안감, 고독감, 아니 공황장애 증상은 부인 알마의 바람기 탓도 있다. 그녀의 마지막 이름은 ‘알마 마리아 쉰들러 말러-그로피우스-베르펠’이다. 그로피우스는 건축가인 두 번째 남편. 베르펠은 작가인 세 번째 남편. 그 틈틈 간주곡처럼 많은 예술가들과 사랑을 나눈다. 그녀는 ‘비엔나의 아름다운 꽃’이었다. 수컷들은 불나비처럼 그녀의 매혹 속으로 빠져 들어갔다.

첫 남편 말러가 세상을 떠나자 그녀의 연인 화가 코코슈카는 불안했다. 바람둥이 알마가 혹여나, 바람처럼, 사라지지나 않을까 해서였다. 통째로 다 가지고 싶었으나 가질 수 없는 여인. 그 절망감 끝에 누워 번뇌와 망상의 언덕을 터벅터벅 걸어 오르나, 한 마디로 애만 태우는 ‘사랑의 불쏘시개’였다. 코코슈카의 눈은 천정을 멍하게 쳐다보고 있다. 눈을 감지 못하는 그의 왼쪽 팔에 알마가 안겨 있으나. 아니, 안고 있는 것이 아니라 마치 놓친 것 같다. 반면, 알마는 무릎을 살짝 굽히고 옆으로 누워 포근히 잠들어 있다. …그랬을까. 그녀는 내숭떨며 잠든 척 했을 수도. 코코슈카 따위에는 이미 관심이 없고 마음은 또 다른 콩밭으로. 그러니까 다른 남자에게 가 있을 수도 있다. 여하튼 그녀는 일단 눈을 감고 있다. 이렇게 두 사람은 대조적이다. 죽은 남편 말러 생전의 불안감이나 과부 알마를 차지한 코코슈카의 불안감이나,

오십보백보 같다.

끊임없는 벗김(=탈신비화-노출-까발림)과 감춤(=은폐-금기-신비화)의 아슬아슬한 경계선에서 머뭇거리는 남녀 간의 사랑이란, 생성-탄생의 자리인 동시에 소멸-파멸의 자리이다. 불타오름-불붙음인 동시에 불사름-불꺼짐이다. 불을 볼까, 재를 볼까 차이 뿐이다. 끝없이 잡고 싶어 하는 '마지막 어휘'(final vocabulary)인 동시에 정작 그 앞에만 서면 간질맛 나게 달아나는…어지럼증…떨림의 정신적 경련(mental cramp)이다. 삶 자체가 참 얄궂다. 사랑은 더 기가 찬다. 뜬금없는 바람, 무명=풍이다. 그 바람은 "산 위에서 부는 바람 시원한 바람 그 바람은 좋은 바람 고마운 바람"이다. 그러면서 "부질없는 내 마음에 바보 같이 눈물만 흐르네. 바람아 멈추어 다오"라고 외치는, 부질없는 짓이다.

썼다가 지울 이름, 몸도 경전도

몸과 마음은 세상이라는 광야, 그 허허벌판에 펄럭댄다. 소리 없는 아우성…깃발이 욕망 아닌가. 그것은 몸에다 심지를 대고 온갖 그림과 글씨를 써댄다. 모두 '썼다가 지울 이름'(sous rature)들이다. 함민복이 몸에 붙은 남성의 성기를 "족보 쓰는 신성한 필기구다. 다시는 낙서하지 말자!"라고 했지만, 어디 성기만 그렇겠나. 부처의 가르침도, 그것을 적은 경전도, 모두 우리 뇌리에다 써대는 필기구 아닌가. 벽에다 갈겨대는 낙서질 아닌가.

티벳불교의 경전을 적어 넣은 붉은 천 - 타르쵸가 떠오른다. 우리 몸은 욕망이 흔드는 타르쵸인가. 인연 따라 읽고 읽히는, 욕망의 불로 타들어가는, 다 타고서 몇 장 남지 않은 애닯은 경전인가.

타르쵸 – 사막이나 돌무더기 언덕에 꽂혀 휘날리는 깃발의 경전. 이리 저리 바람이 불적마다 펄럭펄럭. 부처의 말씀은 천지사방으로 휘날려 퍼져나간다는데. 바람 속의 경전을 바람도 읽고, 햇빛도 읽고, 달빛도 읽는다는데. 돌도, 벌레도, 나무도, 모래도 흙도, 먼지도 읽는다는데. 아니 개나 소나 다 읽는다는데. 모든 바람의 스치면 깃발은 펄럭펄럭, 부르르…부르르 허공에서 휘날리고 몸을 떤다. 업(까르마)이다. 그것이 경전을 읽는 소리다. 떨리는…아픈 깃발의 소리, 몸의 소리, 모든 업이 다 경전을 읽는 소리 아니겠나.

허접한 것이 경전이라, 그래서 더 고귀한 거라. 이름 없는 풀이라, 쓰잘데 없는 짓거리라서 더 고귀한 거다. 일자무식, 천박한 것들, 마구간이나 닭집 개집에서 싸대는 말똥 소똥 돼지똥 닭똥 개똥이 다 글씨고, 귀한 경전 인지라. 왜냐고? 애당초 부처의 말씀은 밑 닦는 휴지, 우는 아이 달래는 종이 돈이니, 그런 허접 쓰레기 같은 데다 적은 것이니, 어딘들 적지 못하고 어디 적힌들 그것 아니라 할 수 있으랴. 몸은 필기구인 동시에 노트이다. 적는 것인 동시에 세상이 적히는 곳이다.

'신발 한 짝'을 벗어 메고

'오늘도 걷는다 마는…' 삶은 본래 정처가 없다. 맨발로 왔다가 다시 맨발로 떠난다. 그래서 맨발은, 한편으로는 삶이고 한편으로는 죽음이다. 맨발은 삶과 죽음이 동시에 걷고 있는 걸음걸이이다.

달마는 '좌선'이라는 실천수행을 주장했기 때문에 당시 융성했던 학문불교로부터 원한을 사서 마침내 독약을 받아먹고 입적했다. 독살된 뒤 달마의 유체를 제자들은 다비하지 않고 하남성의 웅이산(熊耳山) 정림사(定林寺)에서 장례를 치른 뒤 석관(石棺)에 묻었다. 장사지낸 지 삼년 째 되던 해. 달마는 짚신 한 짝을 지팡이에 꿰어 어깨에 메고 인도로 되돌아갔다는데. 마침 위나라 사신 송운(宋雲)이 서역을 다녀오는 길에, 한쪽 손에 신발을 든, 달마를 닮은 승려를 만나 '어디로 가는가?'라고 묻자 '서인도로 간다'고 말했다 한다. 달마 같다는 송운의 제보로, 확인 차 웅이산을 찾아, 달마의 석관을 열자, 아뿔싸, 그의 유체는 없고 단지 신발 한 짝만 남아있었다는 이야기가 전한다.

『무문관(無門關)』에도 신발을 벗어 드는 장면이 삽입되어 있다.

어느 날 동당(東堂) 서당(西堂) 간에 고양 한 마리를 놓고 시비가 벌어졌다. 이 광경을 보다 못해 남전(南泉) 선사가 고양이를 치켜들고, 수행자들을 깨우치게 하고 싶어서, 이렇게 말한다. "자네들이 무언가 한 마디 하면 이 고양이를 살려줄 것이고 제대로 말 못 해대면 이 고양이 목을 쳐버리겠다." 대중 가운데서 한 사람도 대답이 없었다. 그러자 남전선사는 마침내 고양이 목을 잘라버렸다. (불교에서는 불살생계가 있음에도 부득이한 극단적 조치였다.) 밤늦게 조주(趙州)스님이 외출했다가 돌아왔는데, 남전선사는 낮에 절간에서 있었던 일을 그에게 들려줬다. 그 말을 듣자마자 조주스님은 아무 말 없이 신발(履)을 벗어서 머리 위에 이고 나가버렸다. 남전 선사가 "자네가 있었더라면 고양이를 구했을 텐데 말이지."라고 하였다.

'신발을 벗어서 머리에다 신고 – 아니, 뒤집어쓰고 – 맨발로 성큼성큼 밖으로 걸어 나갔다는 것'은 '신발 한 짝'을 오른쪽 어깨에 달아 메고 맨발로 서역으로 돌아가는 달마와 꼭 닮았다.

예전 중국에서는 신발을 짚으로 엮어서 만들었으니, 머리에다 짚으로 된 신발을 뒤집어썼다는 말은 상(喪)을 당했다는 표시, 즉 죽음을 암시한다. 나라는 존재 자체(=온 몸)를 다 벗어서 뒤집어썼다는 것, '죽었다!'는 의미 아니랴! 조주는 온 몸으로 열심히 글씨 한 자를 써대고 있었다. 죽음=무이다. 그 쪽으로 그는 성큼성큼 걸어 나가고 있다. 고양이라는 상(相)(=想)에 걸려, 한 마디도 대꾸 못하는 엉거주춤한 대중들 가운데서, 조주는 무(無)가 되어, 그 쪽으로, 문을 만들어 뚫고 나가라며, 열심히 허공어대 대고 글자를 써 대었던 것이다. 그랬다면 고양이는 분명 죽임을 당하지 않았으리라고.

촛불…이 풍진세상의 아름다운 어휘

어차피 '썼다가 지울 이름'이라면, 어디에다 무엇을, 어떻게 쓸 것인가. 자 어디 한번 써보자. 어디, 몸은 '족보 쓰는 신성한 필기구'인지, '사경(寫經) 하는 붓'인지, 아니면 '허공이거나 경전'이거나…. 할!

나에게 오스카 코코슈카의 〈바람의 신부〉는 황무지 위에 휘날리는 붉은 깃발, 타르쵸로 읽힌다. 그것은 개나 소나 써대는 글씨, 허접하고 아름다운, 쓰라리고 눈물겨운 이 풍진세상의 어휘려니 생각한다. 바람이니 무명이고, 무명이니 바람이다. 무명=풍이다.

그래, 이야기가 막판에 딴 데로 새겠지만, 작금 거리 위, 바람에 흔들리는 무량 무량한 촛불 하나하나가 연등(燃燈)이고, 전등(傳燈) 아니랴. 촛불을 쥔 모두가 부처님이시다.

　허망 속에 불을 밝히는 깨알 같은 가르침의 글씨들. 온 몸으로 열심히 글씨 한 자를 써대고 있다. 죽음=무, 그것은 새로운 삶을 위한 불타오름-불붙음인 동시에 불사름-불꺼짐이다. 더러움을 일깔하며, 지금의 저 너머, 다른 곳을 쳐다보는 연습이다. 허망인 이곳에서, 다시 이곳이 바로 진실의 자리(실상)임을 생각하는 일이다.

'통찰'하려면
'멍~'부터 때려라

흘러내리는 것이 어디 살 뿐이랴

흘러내리는 것이 모래알만은 아니다. 가끔 미운 살들이 삐져나와, 몸에서 슬슬, 흘러내릴 때가 있다.

바닷가에 앉아 모래를 거머쥘 때 꽉 진 손가락 사이사이로, 모래알이 술술 빠져나가는 경험이 있으리라. 그처럼, 몸에서도 무언가가 슬슬 빠져나가고 있다. 또 어디선가는 슬금슬금 솟아오른다. 드디어 몸은 내 생각의 통제를 벗어나 있다. 내 삶의 6부 7부 능선에서 군살덩이들이 출몰하기 시작한다. 그럴 때, 조금씩 서글퍼진다. 밉지만 실제로 살아있는 나를 만나는 순간이기도 하다. 밖에 나오기 싫어지고, 자꾸 그런 부위를 펑퍼짐한 옷으로 가리고 싶어진다. 목욕탕에 가서도 튀어나온 살 더미를 남에게 보이기 민망하여, 자꾸 구석진 데로 물러나 얼굴을 벽 쪽으로 돌린다.

다행히 살은 빼면 된다. 아니 빼지 않더라도 적당히 그냥 그냥 참으며 지내면 된다. 사실 남들은 나의 몸에 그다지 신경 쓰지 않는다. 문제는 몸보다 더 골칫거리가 생각이다.

줄줄 흘러내리는 것, 출렁이는 것이 살만은 아니다. 살보다 더 큰 골칫거리가 바로 생각이다. 나이가 들고, 할 일이 많을수록, 머릿속에서는 생각들이 찔찔 새고, 줄줄 흘러내린다. 하, 얼마나 많은 번뇌, 망상인가. 스트레스, 잡생각, 근심걱정거리…. 들판의 잡초처럼, 그득하다.

몸은 '우수(憂愁)'의 보따리

어쩌랴! 몸이 있다는 것은 '우수(憂愁)'의 보따리를 안고, 지고 살아가야 한다는 뜻. 그래서 장자(莊子)는 말했다.

"인간은 우수와 더불어 태어났다(人之生也, 與憂俱生)"고.

어차피 그렇다면, 어쩔 수 없는 것들을 받아들이고 사랑할 수밖에 없지 않은가. 아모르파티(amor fati). 운명을 사랑하라!

흘러내리고 삐져나온 것들과 맞서지 말고, 토닥토닥 즐기며 받아들이고, 차라리 그런 것들의 의미를 '통찰(洞察)'하는 눈을 가져야 하리라. 흘러내리고 삐져나온 것들의 의미를 '꿰뚫어보는 눈' 말이다. 그것은 바로 내 삶을 있는 그대로 인정하고, 긍정하고, 사랑하는 연습이다. 내가 나를 사랑하지 않는다면 누가 나를 사랑하랴? 또한 위로하고 치유하랴?

'통찰(洞察)' 아니 '동찰(洞察)'?

그런데, 우리가 흔히 쓰는 '통찰(洞察)'은 예사롭지 않은 말이다. 보통 사전에서는 '예리한 관찰력으로 사물을 꿰뚫어 보는 것'이라 정의한다.

이제 한 발자국 더 들어서서 생각해보자. 재미있게도 통찰의 '통(洞)'은 '밝다~꿰뚫다~통하다~통달하다'는 뜻만 있는 것이 아니다. '골~골짜기~동네~굴(窟)'의 뜻도 있다. 이 때는 '동'으로 읽는다. 여기서 놓치면 안 되는 것이 '굴=동굴'이란 의미인 것 같다. 신화에서나 고대사회에서 자주 보이는 동굴. 거기서 무언가 인간~문명의 이야기가 만들어진다.

사실 동굴은 막히고, 가려지고, 어둡고, 드러나지 않은 공간이다. 표면에서 '사라진-감추어진-은폐된' 곳이다. 겉으로 솟아난 저 남성의 거시기 보다는 여성의 성기나 자궁을 닮았다. 생성과 창출의 공간이다.

그 속은 들여다 볼 수 없다. 어둡고 껌껌하다. 바깥의 소리도 형체도 직접 전달되어서는 안 된다. 그림자처럼 간접적으로 들리거나 비쳐야 한다. 은근히, 은은히, 조심스레 다가서야 하는 곳이다. '상자 속'이나 '괄호로 묶여 있는 어떤 것'처럼, 바깥과 직접적이 아니라 간접적으로 연결되어 있다. 그 속에 있는 것은 결국 밖으로 나와서 우뚝 서야 한다. 그럴 때 위대한 존재로 살 수 있다. 그 안쪽에 주저 않으면 끝이다. 자폐증 환자이어서는 안 된다.

'얼굴'이란 말이 '얼'(魄. →혼백=정신)의 '굴(窟)'에서 왔다고 하듯, 동굴은 두 가지 의미를 갖는다. 첫째, '본질적~근원적~근본적~심층적' 의미이다. 둘째, 무언가 '새로운 것~신비 한 것'을 갈고 닦는 이른바 '준비~수련~수행'의 의미이다. 이 두 가지가 오버랩 되어 있다.

이렇게 보면 '밝다~꿰뚫다~통하다~통달하다'는 '통'은 '굴=동굴'의

'동'과 함께 읽을 때 더 잘 이해되는 것 같다. 무언가를 횡하니 꿰뚫으려면 '근원적~심층적' '준비~수행'을 동반해야 한다는 점이다. "통달하려면 근원적으로 고뇌하라!"는 메시지이다.

살피다는 뜻의 '찰(察)'은 섬세하고 미세한 살핌이다. 내면적~영성적 눈(안목)을 의미한다. 드러나서 보여야 보는 것(=견/見), 일부러 바라보는 것(=시/視) 등과는 차원이 다르다.

그래서 '통+찰'은 '동+찰'로 보아도 될 듯하다. 통달하려면 근원에 들어서서 준비하고 수행해야 한다. 그때 신의 한 수를 얻을 수 있다. 세상에 공짜로, 거저 오는 것은 없다. 김칫국부터 마시지 마라. 국물도 없다.

'통=동'+'찰'은 '멍 때리기'에서

'통=동'+'찰'이라는 지점에 도달해서, 한 가지 더 돌이켜 볼 것이 있다.

'무언가를 횡하니 꿰뚫어' 보는 눈은 무엇인가? 그것은 바깥 세계로 향한 눈을 차츰 '흐릿흐릿하게~가물가물하게~거무스럼하게(玄)' 하는 노력이다. 이런 눈은 '떠 있으면서 반쯤 감고 있는 눈'이다. 불상을 예로 든다면, 저 '반가사유상'처럼 '뜬 듯 감은 듯한 눈'이다. 그럴 때 시선은 내면으로, 안으로 향한다. '관세음(觀世音)'의 '관(觀)'처럼, 내면에서 관조하는 '무심한~무관심한 눈(안목)'이 생겨난다. 이것은 내면적~영성적 눈 즉 '굴=동굴'로 들어서는 정신적 사업이다.

노자의 표현을 빌려서 풀이하면, 현실의 날카로운 소유~욕망의 시선으로부터 자아를 '흐릿흐릿하게~가물가물하게~거무스럼하게' 만들어서 '존재 자체'로 눈을 돌리는 일이다. 세속적~현실적~현상적인 소유의 관점(관심)으로부터 자꾸 시선을 흐릿하게 해 가는, 아득히 멀어져 가는 기법이다. 한 마디로 '멍 때리기'이다. 이 멍 때리기에서 수많은 탁월함(妙)들이 생겨난다. 그런 생성과 창출의 관문이 멍 때리기이다. '현지우현(玄之又玄), 중묘지문(衆妙之門)'!

멍~한, '무관심적 관조'

뇌도 휴식이 필요하다. 보통 명상과 수면에서 우리는 '생각의 쉼, 정지'를 얻는다.

무관심하게 물끄러미 바라보는 연습은 스스로를 정화시켜 평형을 되찾는 일이다. 일그러지거나 뒤틀린 영혼을 원래대로 자연스레 회복~복구시켜주는 일이다.

주변을 되돌아보라. 여기 저기 '욱, 욱' 치받고 부딪힌다. 내면의 화(스트레스)를 다스리지 못한다. 부글부글 끓는 마음을 자기 탓으로 돌리지 않으려 한다. 말끝마다 '남~바깥 탓'이다. 그러니 모두 쓸어버리고 싶다는 감정에서 끔찍한 범죄를 저지른다.

대한민국은 지금 잠시 모두 생각의 스위치를 끄고(=넋을 놓고), '본밑 마음=바탈(바탕) 마음'으로 돌아가서, 평온을 찾는 연습을 해야 한다. 긴장된 뇌를 이완하여, 생기를 찾는(리프레시) 시간을 자주 가져야 한다.

때 마침 '멍 때리기 대회(Space out Contest)'가 열린 것은 참으로 고무적이다. 이름이 좀 생소한 것 같으나 되새겨 보니 멋지다! '근원적~심층적' 영성의 샘물을 길어내는 '준비~수행'의 하나로 족한 것 같다. 앞으로 '전국민 멍 때리기 대회'로 차츰 확대되는 것도 좋겠다.

  '정신적 경련'을 느긋하게 풀어주며, 그 '떨림'에서 경험한 내용을 자아가 성숙하는 통찰의 힘으로 만드는 것이 대단히 중요하다. 바깥으로 향하는 날카로운 생각과 눈빛을 잠시 거두고, 자신의 내면적 동굴로 걸어들어오는(되돌아오는) 일이다. 그것은 멍 때리기이다. 이런 눈은 '뜬 듯 감은 듯한 눈', 내면에서 관조하는 '무심한 · 무관심한 눈'이다. 자기 본밑의 '얼'(정신)이 살아 있는 동굴 속으로 들어서야, 거기서 통찰이 생겨난다. '통찰'은 둥굴에서 살피는 '동찰'을 바탕에 깔고 있다. 자신의 원초적 자연에 마주설 때, 그 내면의 고요한 푸른 샘물에 생각이 닿을 때, 비로소 '내가 나로서 살아가는 기쁨'을 회복하는 것이다.

2

필로소피아에서
철학으로

필로소피아, '철학'으로 옷 갈아입고
우리 품에 안기다

철학(哲學)의 위기? 개념의 위기?

독일 하이델베르크, 일본 교토, 그리고 영남대에 가면 '철학자의 길'이 있다. 철학자의 길이라? 아니 그러면 '철학'이 걸어온 길도 있어야!

우리는 종종 '철학(哲學)의 위기'를 이야기하곤 한다. 그러면 여기서 말하는, 우리가 흔히 쓰는 '철학(哲學)'이란 말은 무엇이며, 또한 그 위기는 무엇일까? 이에 대한 응답을 위한 하나의 단서로서 철학(哲學)이란 말이 생겨 나온 그 본래의 상황과 장면으로 돌아가 보자. 길을 잃고 헤맬 때는 '처음 발길을 시작한 지점으로 돌아가는 것'이 길을 찾는 '하나의 좋은 방법'이 된다.

'철학', 원래 희랍어의 '필로소피아'(φιλοσοφία, philosophia)의 번역어이다. 영어의 필로소피(philosophy), 독일어와 불어의 필로조피(philosophie)도 모두 필로소피아를 소리 나는 그대로 옮겨놓은 것=

음사(音寫)이다.

희랍의 고대 필로소피아라는 개념이 넓게는 아시아, 좁게는 한국에 오기까지의 길을 더듬어보기로 한다.

공짜는 없지, 튜립 한 송이가 네덜란드에 오기까지

'채송화도 봉숭아도 담장 위에 나팔꽃도 어느 것 하나 정겹지 않은 것이 있을까요. 언제 어떻게 이 땅에 들어왔는지 모르지만 오랜 세월 우리와 함께 울고 웃으며 이제 모두에게 사랑받는 꽃이 되었습니다. 함께 해요 다문화'. 예전 어느 신문의 광고 문구였다. 나는 이것을 보고 좀 놀랐다. 어릴 적 눈물 글썽이며 자주 불렀던 동요 「꽃밭에서」의 가사 '아빠하고 나하고 만든 꽃밭에/채송화도 봉숭아도 한창입니다/아빠가 매어놓은 새끼줄 따라/나팔꽃도 어울리게 피었습니다.'에 나오는 채송화, 봉숭아, 나팔꽃, 어느 하나 '우리 것 아니겠는가' 라고 생각했는데. 글쎄, 이게 모두 외래종이라니.

몇 년 전 네덜란드 라이덴대학에 머문 적 있다. 봄이고 해서, 암스테르담에서 18km가량 떨어진 리세의 세계 최대 구근화훼류 전시장 '큐겐호프'의 튜립 구경을 간 적이 있다. 흔히 튜립, 나무신발(나막신), 풍차, 치즈 하면 네덜란드가 생각나지만, 사실 어느 하나 그 나라 고유의 것은 아니다. 다른 지역의 것을 새롭게 점령하여 소유한, 이른바 '영유(領有. appropriation)'의 결과물들이다.

우리의 기억 속에는 전혀 그렇지 않지만 원래 튜립의 고향은 중앙아시아란다. 그것이 네덜란드의 품에 안긴 것은 식물학자 카를로스 클루시우스의 덕택이다. 그가 라이덴 대학 부속 식물원의 책임자로

부임할 때(1592년), 해외에서 튤립 구근을 가져와 심자 네덜란드에서 처음으로 꽃을 피웠단다(1594년). 네덜란드의 품에 안기기까지 튤립은 많은 국경을 넘고 넘어서 왔다. 말하자면 그때 라이덴 대학에 피었던 꽃은, 중앙아시아라는 고향의 가족의 품을 떠나, 돌고 돌아 그곳에 정착한 일종의 디아스포라였다.

따지고 보면 수많은 문화 혹은 학술 개념들은 각기 고향이 있고, 이별이 있고, 유랑의 세월이 있었다. 더욱이 혼인을 통한 인친척 관계도 있고, 과거도 있다. 그것을 만들어온 인간들의 다양한 해석 때문에 이런 저런 이야기도 남아있기 마련이다.

근대기 한어(漢語)들, 일본이라는 '얇은 망사'를 잊지 말라

미리 말해두지만 현재 우리가 사용하는 정치 경제 법률 철학사상 등의 어휘 대부분이 '근대일본한어'(近代日本漢語)'이다. 우리 고유의 한자어라고 생각하고 있던 어휘의 대부분이 근대기 일본에서 수입한 일본한어(=근대+일본+한어)라는 사실을 알면 놀랄 지도 모르겠으나 사실이 그렇다. 근대기 일본이 장악한 문화의 힘이 커서, 상품처럼, 한국으로 중국으로 유입되었던 것이다. 일본 한어는 우리가 늘상 사용하는 한자어와 유사하여 부지불식간에 친화감 때문에 무매개적으로 혼성-유동한다.

아울러 일본한어의 그 보이지 않는 뒤편을 따라가 보면 십중팔구 서양어(영어, 독일어, 불어, 이태리어, 네덜란드어 등)를 만난다. 살피지 않고 어휘를 쓰다보면, 나도 모르게 이미 '한국한어≒일본한어⇄서양어'라는 그물망에 걸려, 근대서양 세계를 만나고 있는 셈이다. 일본이라는 '얇은 망사'(薄紗. veil)를 통해서, 서양에 수시로 접촉-접선하고 마는 것이다. 우리가 사용하는 철학, 존재, 사회, 자유, 자연, 개론 등등의 어휘가 다 그렇다. 이 점은 중국도 마찬가지이다. 예컨대 중국인들이 자주 쓰는 '꽌시'(關係)라는 말도 일본한어를 역수입한 것이다.

니시 아마네(西周) 그리고 난학(蘭學: 네덜란드 학문), 라이덴 대학

1862년 5월 16일 일본의 막부는 대형 증기함의 건조를 네덜란드 무역회사(NHM)에 발주하였다. 그런데, 원래 막부가 최초에 의뢰했던 것은 미국이었으나 공교롭게도 그때 미국 내에 남북전쟁이 일어나서 차선책으로 네덜란드의 회사 쪽에 발주를 돌린 것이었다.

막부는 배의 건조 진척도를 조사하고 배의 운항에 따른 제반 업무를 네덜란드에서 습득시키기 위해 유학생 그룹을 네덜란드에 파견했다. 우치다 츠네지로(內田恒次郎, 1836-1876)를 단장으로 하고 유학생 그룹 속에는 나가사키의 해군분견대(海軍分遣隊)/해군전습소(海軍傳習所)에서 훈련을 받은 사관(士官) 5명, 와과의(外科醫)/선의(船醫) 2명, 조선기사(造船技師)/선대공(船大工)과 직공들 6명이 포함돼 있었다. 여기에 시몬 피셀링(Simon Vissering. 1818-1888)교수에게 배울 학자인 니시 아마네(西周. 1829-1897)와 츠다 마미치(津田眞道.1829-1903)도 포함되어 있었다. 기술자만이 아니었다.

1863년(문구3) 5월 니시는 츠다와 네덜란드 라이덴에 도착했다. 니시가 그때 라이덴 대학의 동양어문학부교수 호프만(J.J. Hoffmann)에게 건넨 네덜란드어 서간에는 다음과 같은 말이 보인다.

구주(=서구) 학술에는 물리, 화학, 분석, 식물, 지리, 역사 및 어학 외에 통계, 법제, 경제, 정치, 외교, 방면에 있어서도 여러 긴요한 학문이 있습니다

그런데 이들 학문은 우리나라에는 전혀 보이지 않고 있는데, 저희들의 목적은 이들 모든 학문을 습득하는 것입니다. (중략) 그 밖에 또한 **철학이라 불리는 분야의 학문도 익히기를 원합니다.** 우리 국법의 금단에 속하는 종교 사상은 과거 데카르트, 로크, 헤겔, 칸트 등이 제창한 바의 것과는 서로 다른 것입니다. 이 또한 배우기에 사뭇 곤란 하겠지만 생각건대 이 학문의 연구는 우리나라 문화의 향상에 도움이 되는 바 적지 않을 것입니다. 그러므로 저는 만난(萬難)을 무릅쓰고 그런 것들을 배우고자 합니다.(강조는 인용자)

호프만 교수는 1863년 6월 6일 로테르담 항에 그들이 도착하자 마중을 나가서 라이덴까지 데리고 온다.

니시 아마네((西周)는 2년반(네덜란드어 수업 2개월 + 학업 2년 3개월)의 기간을 라이덴 대학에서 보낸 뒤 귀국한다. 그동안 이들은 하루도 쉬지 않고 공부하였는데, 그들이 도대체 어떤 사람들인지 궁금하여, 귀국 시 라이덴 시민들이 두 줄로 서서 구경까지 하였다 한다.

그는 시몬 피셀링(Simon Vissering. 1818-1888)수 밑에서 주로 성법(性法: 자연법), 국법(國法), 만국공법(萬國公法: 국제법), 경제(經濟), 통계(統計)의 5과를 배운다. 경제, 통계, 공법 등의 용어에서 알 수 있듯이, 주 분야는 사회과학적인 실증·실용 학문이었다. 그래서 니시 아마네가 번역한 '철학' 개념도 인문학적이 아니라 오히려 수학 과학과 연관되거나 과학철학적 성향도 있다고 보기도 한다. 분명히 관념론이나 형이상학적 성향과 다르다. 그래서 당연히 그가 번역

한 철학은 동양의 천인합일(天人合一) 운운하는 유학(儒學)-이학(理學)-성리학(性理學)-주자학(朱子學)과 구별되는 것이다.

이후 그는 귀국하여 1874년 '필로소피'를 일본한어 '철학(哲學, 테츠가쿠)'이란 말로 번역하여, 1874年(明治7年)『백일신론(百一新論)』이란 책에 처음 소개한다.

니시 아마네가 필로소피아를 철학으로 번역해내기 전에는, 동아시아 한자문화권의 어느 책에서도 '철학'이란 한자어는 발견할 수가 없다. 물론 중국 고대에도 '철(哲)'이나 '철인(哲人)'과 같은 말은 있었지만. 니시 아마네는 북송의 주렴계(周濂溪. 1017-1073)의 저서『통서(通書)』속에 나오는「성희천(聖希天), 현희성(賢希聖), 사희현(士希賢)」즉 "성인은 하늘과 같이 되기를 희구하고, 현인은 성인과 같이 되기를 희구하고, 사대부(독서인 계층)는 현자와 같이 되기를 희구한다"의 '희현' 정신에 주목하여 처음에는 '희현학'으로 번역하였다. 여기서 다시 '현(賢)' 자를, '사물의 이치, 도리에 밝다'는 뜻의 '철(哲)' 자로 바꿔서 '희철학(希哲學)'으로 하였다가, 끝내는 거기서 다시 '희'를 떼 내어 '철학(哲學)'으로 하였다.

니시 아마네가 희현학 보다도 희철학→철학 쪽으로 몰고 간 것은 아마도 성리학(性理學)이나 궁리학(窮理學) 혹은 그 약칭인 이학(理學)이 채택되지 않았던 것과 같은 이유이다. 이들 명칭은 송유(宋儒)의 말에 친숙해 있던 당시의 사람들로서는 분명히 알기 쉬운 이름이었으나, 그만큼 또 진부한 것이어서 서양의 새로운 어휘를 전달하는 데에 부적당하다고 여겼을 것이다. 그는 서양적 의미를 더 살리고 전통 '유학'적 냄새를 지우고 싶었던 것이다. 희현의 '현(賢)'이라고 하면 '성(聖)' 자가 떠오를 것이고, '지(智)'라고 하면 인(仁) 자를 떠올리기에, 아예 '이치 · 사리 · 도리에 밝다'는 뜻의 '철(哲)' 자를 선택해 버린 것으로 추정된다. 어쨌든 니시 아마네의 덕택에 당시 일반인들이 '철학'이란 신개념에 접할 수 있었다.

그런데 『백일신론』이란 책은 출판되기 7년 전인 1867년경 기초한 것이며, 또한 그 4년 전인 1870년(明治3年)경에 그의 사숙(私塾)「육영사(育英舍)」에서 강의한 것을 기록한 『백학연환(百學連環)』에서도 '철학(哲學)'이란 개념이 사용된 바 있다. 당시 니시 아마네와 함께 유학한 츠다 마미치는 필로소피아를 '구성학'(求聖學: 성인을 구하는 학문)으로 번역하기도 하였고, 니시 아마네가 철학이라 확정한 뒤에도 츠다 마미치는 '희철학'이란 개념을 당분간 사용하였던 것 같다.

잊혀져 버린 정신 – 'philo(愛)'와 '희(希: 희구)'

니시 아마네 이후 '철학(哲學)'이란 개념은 일본 내에서는 물론 중국, 한국에도 수입되어 지금까지 유행하게 되나, 당초 번역어 '철학' 개념의 실증 · 실용적 성격은 배제되었다는 점을 잊어서는 안 된다. 그것은, 후술하는 대로, 도쿄제국대학(東京帝國大學)의 관학 철학을 대표하는 이노우에 테츠지로(井上哲次郎)의, '데칸쇼'(데카르트, 칸트, 쇼펜하우어)로 대표되는 관념론 성향의 철학이 일본 제국주의 학지(學知)–아카데미즘의 아시아 침투와 맞물려, 한국 철학계의 주류를 형성했기 때문이다. 승자는 관념론적 철학 성향 쪽인셈이다.

니시 아마네의 번역어 이후, 애지(愛智)의 '애(愛)'에 해당하는 '희(希)'의 정신은 소실되거나 침묵했다. '희' 자가 사라진 자리에 sophia(=지知/智)를 대신한 '철(哲)' 자가 덩그렇게 간판을 바꿔 내걸고 활보하기 시작했다. 아울러 '철학'의 '학(學)'은, 니시 아마네가 '백학(百學)은 고리를 이루고 있다'는 뜻에서 '백학연환(百學連環)'이란 말을 사용하듯, 고리를 이룬 '백학(百學)의 한 장르'에 불과하다.

그래서 우리가 기억해야 할 것은 두 정신의 배제–삭제를 통한 죽음이다. 니시 아마네의 번역어 철학 개념에서 소거된, 필로소피아(愛智)의 에스프리라 할 'philo(愛)'의 정신. 그리고 '희철학'에서 싹둑 잘려버린 '희(希: 희구)'의 정신 말이다. 그렇다. 나는 필로소피아는 철학보다는 '원학(原學)'이라는 말이 그 본래 의미에 더 육박한다 했던 이관용(李寬容. 1891~1933)이란 철학자의 주장에 동감한다.

어쨌든 희랍의 필로소피아는 네덜란드와 일본 사이에 난 학문과 문화의 소통 창구인 '난학'(蘭學: 란가쿠)의 길을 따라 아시아로 왔다. 그 사이 그는 '철학(哲學)'이란 한자어 개념으로 옷 갈아입고, 우리 곁으로 다가와, 우리 것이 되었다.

아름답고 지적인 도시
네덜란드의 라이덴

1. 자유와 관용의 나라 네덜란드

10년 전, 2002년 FIFA 월드컵에서 우리나라 축구 국가대표팀을 4위로 만들었던 거스 히딩크(Guus Hiddink. 1946-). 통통한 얼굴의 네덜란드인. 그를 통해서 우리는 네덜란드와 조금 친밀해진 듯 했다.

그러나, 아직도 우리는 네덜란드에 대해 잘 모른다. 왜냐하면 네덜란드의 사회와 문화는 유교 전통의 우리나라와 너무 다르기 때문이다.

우리나라 경상도 크기 정도지만 세계에서 가장 잘 사는 나라 중의 하나이다. 나는 네덜란드로 떠나기 기본지식을 갖기 위해 여러 책들을 읽게 되었다.

그 가운데 박홍규 교수가 쓴 『작은 나라에서 잘 사는 길』(휴먼비전, 2008), 5쪽을 펼치자 아래와 같은 말들이 눈에 띄었다.

우선 네덜란드를 알기 위해서는 아래의 말들을 기억해 두기로 한다.

"세계 어디에서 이토록 완전한 자유를 누릴 수 있을까?"
   -데카르트, 20년을 암스테르담에서 살았던 프랑스 철학자 -

"네덜란드가 번영한 이유는 자유가 있었기 때문이다."
   -스피노자, 네덜란드 철학자

"네덜란드 사람들은 언제나 일상생활을 매우 소중하게 생각했고, 일상생활의 가치를 이해해왔다."
   -호이징가, 네덜란드의 역사가

"네덜란드엔 오두막집도 없지만 궁전도 없다."
   -한 반 데어 홀스트, 네덜란드 역사가 · 문화비평가

네덜란드는 장사와 무역으로 먹고산다. 장사꾼의 기질이 있는 나라이다. 그래서 자유와 관용이 있는 지도 모른다. 네덜란드에서는 매춘과 마약, 동성애와 존엄사가 허용된다. 그리고 전통적으로 종교와 사상의 자유가 있어왔다.

이러한 네덜란드의 '자유'와 '관용'이라는 사상적 기반을 잘 알 수 있는 이 나라 출신의 대표적 사상가 네 명을 들어보자.

• 에라스무스(Desiderius Erasmus. 1466-1536).로테르담에서 태어난 르네상스기의 대표적 인문주의자로,『우신예찬(愚神禮讚)』(Encomium moriae)(1509)으로 유명하며 보통 '로테르담의 현

자'로 불린다.

- 휘호 흐로티위스(Hugo Grotius, 1583-1645): '국제법의 아버지', '자연법의 아버지'로 불리는 네덜란드의 법학자, 정치가로『전쟁과 평화의 법』(De jure belli ac pacis libri tres)(1625) 등을 지었다.

- 베네딕트 드 스피노자(Benedict de Spinoza. 1632-1677): "내일 지구가 멸망하더라도 오늘 한 그루 사과나무를 심겠다."는 말로 잘 알려진 네덜란드의 철학자. 암스테르담에서 유태인 상인의 아들로 태어난 그는 그의 자유주의 사상 때문에 유태 교회에서 파문당한 뒤 덴하그(헤이그)에 은둔하며 망원경, 현미경의 렌즈를 연마하면서 생계를 꾸려갔다. 그는 하이델베르크대학의 교수직 제안마저 거절한다(1676). 독립적이고 자유롭게 살기 위해서였다. 렌즈 연마는 그의 생업으로서가 아니라 광학과 천문학에 대한 깊은 학문적, 과학적 관심 때문이었다. 그의 자연과학과 광학에 대한 관심은 기본적으로 데카르트에게 영향받은 것이다. 그러나 그는 데카르트의 정신-물질이라는 이원론을 극복하고, '자연이 신이고 신이 자연이다'라는 '신즉자연'(神卽自然. deus sive natura)'의 일원론적 세계관을 구축한다.『신학 · 정치론』(Tractatus theologico-politicus)(1670),『에티카』(Ethica)(1677)를 남겼다.

- 요한 호이징가(Johan Huizinga. 1872-1945):『중세의 가을(Herfsttij der middeleeuwen)』(1919),『에라스무스(Erasmus)』(1924),『호모 루덴스(Homo Ludens)』(1938) 등으로 우리에게 잘 알려져 있다.

'나는 생각한다, 고로 나는 존재한다'(cogito, ergo sum)라는 말로 잘 알려진, 서양근대철학의 시조 르네 데카르트(René Descartes. 1596-1650)가 『방법서설(方法敍說)』(Discours de la méhode)(1637) 및 이를 서론으로 하는 『굴절광학』, 『기상학』, 『기하학』의 세 시론(試論)을 출간한 곳도 네덜란드다. 그는 종교적 박해를 피해 네덜란드로 와서, 20년간 은둔하며 저술에 힘쓴다. 그 이유는 이곳에 당시 상업이 번성하고 종교적, 사상적 자유가 있었기 때문이다.

데카르트뿐만이 아니다. 프랑스의 철학자 피에르 벨(Pierre Bayle. 1647-1706)도 당시 프랑스의 신교도 박해를 피해 네덜란드로 망명해 왔고, 영국의 철학자 존 로크(John Locke. 1632-1704)도 당시 영국의 폭정을 피해 네덜란드로 일시 망명했었다.

일찍이 스피노자는 『신학ㆍ정치론』(1673)에서 말했다. 네덜란드의 경제 번영은 '자유'에서 말미암았다고. 그것은 바로 사상의 자유, 종교의 자유라고! 그래서 '자유와 번영' '모든 민족, 모든 종파가 공존'한다고 말했다.

> 사상과 양심, 그리고 판단의 자유로부터 그 어떤 불편도 발생하지 않으며, 그 불편 역시 주권자의 권위에 의해 회피될 수 있다. 그리고 구성원의 견해가 명백하게 충돌하는 경우라도 서로에게 해를 끼치지 않도록 용이하게 억제 될 수 있음을 입증하기 위해 우리는 다음과 같은 사례를 드는 것만으로 충분하다고 생각한다. 그 사례를 찾기 위해서 멀리 갈 필요가 없다. 자유의 결실로 상당한 번영을 누리고 있고 다른 사람의 경탄을 자아낼 정도로 발전하고 있는 암스테르담 시(市)가 바로 대표 사례다.

이처럼 번성하는 도시 안에서 모든 인종과 여러 종파의 사람들이 완전한 조화를 이루며 살아가고 있다. 자신의 상품을 동료 시민에게 외상으로 넘길 때도 그 시민이 가난한지, 부자인지 그리고 거래에서 정직하게 행동하는지 그렇지 않은지 이외에 다른 어떤 질문도 하지 않는다. 거래 상대방의 종교와 종파에 대해서는 아무도 중요하게 생각하지 않는다. 그것은 재판관 앞에서 자신의 변호가 설득력이 있으냐에 어떤 영향도 끼치지 않기 때문이다. 어떤 종파도 그 추종자가 다른 종파의 사람에게 해를 끼치지 않으며 맡은 바 직분을 다하고 정직한 삶을 영위한다면 행정당국의 보호를 거부당할 정도로 박해 받지 않는다.

(베네딕트 데 스피노자 지음, 『신학정치론 정치학 논고』, 최형익 옮김, (서울: 비르투, 2011), 380~381쪽.)

자유와 관용의 전통이 나라의 밑바닥에 운하처럼 흐르는 네덜란드. 이곳에 발을 디디고, 유럽 각지를 떠돌아다니며 나는 무엇을 보고, 듣고, 느끼고, 생각할 것인가?

네덜란드로 향하는 비행기 위에서, 어둠 속에 불을 켜고 앉아, 나는 흥분된 기대 속에 골똘히 생각하고 있었다.

출렁이는, 거미줄 같은 운하, 스피노자 생각

인천에서 네덜란드의 스키폴공항까지 가는 시간은 12시간 남짓. 비행기 위에서 식사를 두 번. 3월 초순 공항에 도착하니 벌써 저녁무렵.

공항에 일부러 마중을 나온 라이덴 대학 한국학과의 왈라벤(B.C.A Walraven) 교수와 함께 나의 식구들과 라이덴에 미리 얻어놓은 숙소로 향했다.

나와 내 가족이 살 곳은 운하 곁 5층 아파트의 3층. Oude Single 334. 라이덴 대학까지 걸어서 20분정도.

이튿날 새벽, 쌀쌀한 바람이 스며드는 창가에 앉아, 배가 지나다니는 운하를 쳐다본다. 알록달록한 사각의 집들이 빈틈없이 병풍처럼 붙어있고, 출렁대는 운하의 물결에 따라 흔들리며 몸을 서로 맞대고 침묵한 채 정박한 배들. 마치 운하라는 거미줄에 걸려든 파리 같다. 물로 연결된 하나의 도시는 우주 같고. 그 속에 붙박혀 있는 배들, 연결된 인간들은 파리 같다. 물이 출렁되면 함께 일렁이는, 그러다가 가끔 서로 부딪히며 다치고 목숨을 잃어가는 . 그렇구나! 스피노자가 '거미들의 싸움을 즐겼다'는 것이 이런 광경 속에서 직감된다.

질 들뢰즈(Gilles Deleuze. 1925-1995)는 말한다.

스피노자의 전기를 쓴 콜레루스가 전하는 바에 따르면, 그는 거미들의 싸움을 좋아했다고 한다. 〈그는 거미들을 찾아 그것들을 함께 싸우게 하거나, 파리를 잡아 거미줄에 던져 놓은 다음 즐거운 듯 그 싸움을 바라보곤 하였다. 웃음을 터뜨리는 경우도 있었다.〉 왜냐하면 동물들은 우리에게 적어도 죽음이라는 환원 불가능한 외재성을 가르치기 때문이다. 동물들은, 비록 필연적으로 서로를 죽이기는 하지만, 죽음을 자신 속에 품고 있지는 않다. 죽음은 자연 존재들의 질서에서 일어나는 나쁜 만남과 같은 것이다. 동물들은 이러한 내적인 죽음, 노예-폭군의 이러한 보편적인 사디즘-마조키즘을 아직 창조하지 않았다.

(질 들뢰즈, 『스피노자의 철학』, 박기순옮김, (서울L 민음사, 2010), 24쪽)

잘 정리된 네덜란드의 운하도 길도, 모두 사람들이 가야할 지점을 알려주고 정확하게 위치를 짚어준다. 하지만 어떤 일이 일어나도 그것을 감정에 담아두지 않는다. 운하와 길에서 일어난 사고(事故)나 인간의 죽음이란 나쁜 만남에 불과하다. 인간 자신과 사회의 자유로운 전망을 위해서는 객관적이고도 냉정한 '제3의 눈'이 필요하다. 슬픔, 분노, 절망, 희망 같은 '감정의 뒤틀림'을 '교정'하는 '제3의 눈', 그것이 바로 기하학적인 방법이고 증명 아닌가! 거기에 그의 빛, 광학 같은 전망이 들어 있었다. '지혜로운 자들이 물을 좋아한다.'는 속담은 빈말이 아닌 듯.

그래서 들뢰즈는 스피노자에 대해 다시 말한다. 나는 이 부분이 너무 가슴에 와 닿는다.

스피노자가 흔히 사용했던 기하학적인 방법은 지성의 설명 방법이 아니라, 생물학적이고 광학적인 교정 방법이다. 인간이 일정 정도 비틀렸을 때 기하학적 방식으로 교정할 것이다. 이 광학적 기하학은 스피노자의 『윤리학』 전체를 관통한다.

기하학적 방법, 안경을 세공하는 일, 그리고 스피노자의 삶을 하나를 이루는 전체로 두고 볼 필요가 있다. 그는 기하학적인 증명을 '정신의 눈'이라고 보았다. 그것은 제 3의 눈으로서, 모든 허위와 그럴 듯함, 정념과 죽음을 넘어선 삶을 볼 수 있게 한다. 그러한 전망을 위해서는 덕목들, 즉 겸손, 검소, 순수, 간소함 등이 필요하다.

스피노자는 희망을 믿지 않았다. 심지어 용기도 믿지 않았다. 그는 기쁨 그리고 전망만을 믿었다. 스피노자는, 타인들이 그에게 그랬던 것처럼, 그들이 살아가도록 내버려두었다. 그는 단지 영감을 불러일으키고, 일깨우고, 보게 하려고 하였을 뿐이다.

　　제3의 눈으로서의 증명은, 요구하거나 심지어는 설득하려는 목적을
갖고 있지 않다. 단지 영감을 얻은 이 자유로운 전망을 위해 안경을 만
들거나 안경 렌즈를 제공하려 할 뿐이다.

　　〈제가 보기에, 예술가들, 학자들, 철학자들은 렌즈를 세공하는 일로
아주 바쁜 것처럼 보입니다. 이 모든 것은 한 번도 일어난 적이 없는 한
사건을 위한 광범위한 준비일 뿐입니다. 어느 날 렌즈는 완전해질 것
입니다. 그리고 그날 우리 모두는 어리둥절할 정도로 놀라운 이 세계의
아름다움을 선명하게 보게 될 것입니다.〉(헨리 밀러H.Miller)

　　(같은 책, 26-27쪽. 인용자 일부 문장 수정)

　　기하학적 방법, 안경을 세공하는 일, 그리고 스피노자의 삶. 이 셋을
두고 생각해야 하듯, 작은 실천 하나. 나는 내 스스로의 삶을 지도를 보
며 땅을 가로질러 다니며 제대로 길을 찾도록 하고, 스스로의 그런 눈
을 여는 일부터 길러야 한다. 감정의 뒤틀림을 교정하고, 제 3의 눈으
로 자유로운 전망을 갖는 것은, 기하학적 사유이다. 아, 참을 수 없는
선(線), 직선들. 그러나 이런 선들을 바라보고 찾아다니지 않으면 안
되는 길과 도로와 운하와 질서들. 럴수록 바깥에 충실하도록 스스로에
장착해야만하는 냉정한 제 3의 눈, 연마해야만 하는 스스로의 렌즈. 그
순도(純度), 배율(倍率)을 높이지 않고는 다가설 수 없는 숨겨진 전통
과 풍경들. 더구나 빛이 부족한 네덜란드. 3월의 흐림, 안개, 쌀쌀함.

네덜란드 라이덴의 첫인상: 자전거와 운하

　　나는 라이덴 대학에도 들릴 겸 천천히 시내를 둘러본다. 길치인 나

는 미리 길도 익히고, 쌀을 파는 상점, 시장, 주요시설을 알아둬야 한다. 시청 주변, 그 주변으로 수요일, 토요일 일주일에 두 번 선다는 장터. 오래된 교회. 라이덴 역.

무엇보다도, 돌아다니며 놀란 것은 자전거다. 라이덴 역 앞에 빽빽이 세워져 있는 수많은 자전거들. 남녀노소 누구나 편한 복장으로 타고다니는 자전거. 잘 살건 못살건, 신사건 숙녀건, 누구나 능수능란하게 자전거를 몰며, 이곳저곳 느긋하게, 유유히 이동해 간다.

도로마다 자전거 길이 확보되어 있고, 어디서나 신호를 잘 지킨다. 좌측, 우측 손을 들어 수평으로 뻗으며 좌회전, 우회전 신호를 보내는 원칙에 모두 익숙하다.

드디어 나도 80유로를 주고 중고 자전거를 한 대 사서 타고 다니기로 했다.

도시의 이곳저곳을 연결한, 핏줄 같은 운하. 그 곁으로 진열한 듯 서 있는 각양각색의 주택들. 길과 운하 곁에 친구처럼 서 있는 가로등과 가로수. 그리고 풍차.

그리고 하늘 밑에서 위로 향하는 뾰족한 지붕과 교회의 첨탑, 그 기하학적인 조화와 균형.

'아! 이렇게 아름다운 도시가 있을까?'

배가 지날 적마다, 바람이 불적마다, 연신 찰랑대는 물결.

'참 물을 사랑하는 사람들이구나!' '지자요수(知者樂水)구나!'. 바닷가에서 배로 살아왔고, 상업을 일삼던 사람들 아닌가. 그러니 지자(知者)이고 물을 사랑하기 마련.

나는 한동안 거리를 걸어 다니며 라이덴시의 아름다움과 도시 자체의 품격에 대해 마음 깊이 생각하고 있었다.

2. 유럽을 향한 나의 관심

예술, 낯설어짐 속으로

최근 나는 철학에 관심이 있지만 문학, 미술, 음악, 건축 등 서양예술사에도 관심이 많다. 이 방면에서 얻은 안목으로 내가 하고 싶은 철학, 인문학을 다시 성찰해보려는 희망을 갖는다.

지금까지 만들어 온 내 머릿속의 '철학'이란 교과서를 좀 치우고 거기에 무언가를 새로 만들어 가고 싶다는 희망. 그렇다면 내가 나를 서서히 해체해 가야 한다. 기존의 개념이 사라진 곳, 바로 그곳에 내 언어와 사유의 영토가 모습을 드러낼 것 아닌가.

이런 고민이 연구년을 맞아 더욱 간절해졌다. 낯선 곳에서 새로운 풍경들과 친해지며 지내는 것만큼 큰 즐거움도 없다. 무미건조한, 동일한 생활을 반복하며 살다가 훌쩍 낯익은 땅을 떠나 낯선 곳에서 이방인으로, 제3자로서 살아간다는 것. 그것은 자발적으로 '낯설어짐'에 들어서는 연습. 여행도 하고, 읽고 싶은 책도 읽고, 좀 느긋하게 나를 되돌아보며, 기존의 '시각'을 바꾸고 색다른 '기억'을 만들어 가는 일이다.

'네덜란드로의 遊學'

이것은 나에겐 하나의 새로운 '의미'이고 '전망'아닌가.

하멜표류기를 떠올리며

우리에게 하멜 표류기로 잘 알려진 네덜란드.

네덜란드로 가기 전 나는 몇 권의 표류기를 샀다. 그 가운데, 지명숙 · 왈라벤, 『보물섬은 어디에 – 네덜란드 공문서를 통해 본 한국과의 교류사』(연세대학교출판부, 2003)이 큰 도움이 되었다. 네덜란드로 떠나기 전 나는 그동안 잊고 있었던 제주시 남제주군 안덕면과 전라남도 강진군 병영면 성동리에 있는 〈하멜기념관〉을 떠올려보았다. 우리 속에 있었지만 까맣게 잊고 있었던 역사 아닌가.

역사란 기억을 통해서 만들어지며, 그 속에서 나의 삶은 다시 살아난다. 어쩌면 우리는 하루하루를 표류(漂流), 유랑(流浪)하며 사는 것이 아닐까? 그러다 정착하는 곳의 무엇과 관계를 맺고. 그런 불확실성 속에서 삶과 앎의 의미를 찾는 것. 나의 자발적으로 '낯설어짐'은 이런 체험을 자처하는 것. 『보물섬은 어디에 – 네덜란드 공문서를 통해 본 한국과의 교류사』 지은이의 〈책머리에〉 한 구절이 떠오른다.

> (하멜 이후 한국과 네덜란드의) 교류란 아이러니컬하게도 상선 스페르버르 호를 타고 타이완에서 일본으로 항해하던 네덜란드 동인도회사의 선원들이 풍랑을 맞아 제주도에 표착해서, 하멜을 포함하여 구조된 36명의 일행이 13년 넘는 장기간을 조선에서 억류했다는 역사적 우연성에 기인한다.
> (지명숙 · 왈라벤(B.C.A Walraven), 『보물섬은 어디에 – 네덜란드 공문서를 통해 본 한국과의 교류사』, (연세대학교출판부, 2003), V쪽.)

그렇다. 위의 말처럼 어쩌면 지금의 시대는 표류 속에서 무언가와 관계를 맺는 '우연성'에 기대어 스스로의 생존의 의미를 건져내는 치열함을 더욱 필요로 하는 때인지도 모른다.

3. 네덜란드의 라이덴 대학으로

네덜란드어와 우리

우리도 암암리에 일본을 통해 들여온 네덜란드어를 쓰고 있다. 대부분은 일제강점기 일본을 거쳐 들어온 것들이다. 네덜란드에서 일본에 수용된 뒤 조금 씩 그 본래의 의미가 변형되었다. 예컨대 '수술 칼'이란 말로 쓰이는 '메스'(mes). '초점'이란 뜻으로 쓰이는 '핀트'(brandpunt). '페인트'란 뜻으로 쓰이는 '뻥끼'(pek). '주사기'란 뜻으로 쓰이는 '스포이트'(spuit) 등등. 이 뿐 인가. 가스, 고무, 나트륨, 렌즈, 레테르, 마도로스, 모르핀, 알류미늄, 알탈리, 알코올, 암모니아, 엑기스, 요트잉크, 칼슘, 콜레라, 햄, 란도셀, 소다시럽, 카나리아, 코푸(←컵), 코피(←커피), 폼푸(←펌프), 콤파스(←컴퍼스). 모두 네덜란드에서 일본을 거쳐 들어온 외래어들 아닌가.

라이덴과 라이덴 대학

나는 어릴 적부터 네덜란드에 가서 풍차를 보고 싶었다. 그리고 네덜란드에 둥지를 틀면, 유럽의 이곳저곳을 둘러보기가 편할 거라는 생각. 이것은 10여 년 전, 프랑스에 머물며, 영국을 가 본적이 있는데 그때 영국의 섬에서 유럽 대륙 쪽으로 건너오려면, 경비도 문제지만 좀 불편할 것 같다는 느낌이 들었기 때문이다.

마침내 나는 연구년을 맞아, 처음에 미국으로 가려는 생각을 바꾸어 네덜란드의 라이덴 대학으로 가기로 갔다. 유럽 서북부에 있는 입헌 군주국 네덜란드(The Netherlands).

네덜란드는 바다보다 낮은(nether) 땅(land)이라는 뜻. 그래서 제방(둑)과 풍차가 많고, 나무 신발(나막신), 튤립, 치즈로 유명한 나라. 수도는 암스테르담. 덴하그(헤이그), 로테르담과 같은 국제적으로 잘 알려진 도시들이 있다.

'라이덴대학(Universiteit Leiden)'이 있는 라이덴은 네덜란드 서부 자위트홀란트주에 있다. 기차로 갈 경우 암스테르담에서 3-40분, 덴하그에서 15분 정도의 거리다.

네덜란드 사람들은 네덜란드어가 있지만 영어 수준도 높다. 그래서 어디서나 영어가 통한다. 특히 라이덴 대학에서는 외국 학생의 경우, 네덜란드어를 배우지 않고도 대부분 영어로만 수업을 받을 수 있다.

네덜란드에서는 경제도시로 '암스테르담'을, 정치도시로 '덴하그'를 꼽는데, 라이덴(Leiden. 현지에서는 '레이덴'이라고도 발음한다)은 한마디로 교육도시다. 거리에는 학생들이 많다. 따라서 학생들에 대한 배려가 많다. 물론 대학 측도 주민들에 배해 많은 배려를 한다. 라이덴대 내에 일반 주민들의 아파트가 들어서 있는데, 이것은 학생들-주민들 사이의 이해를 높이고 마찰을 줄이기 위한 전략이라고 한다.

흐로티위스와 호이징가

또한 라이덴대 하면 떠오른 인물 두 사람, '국제법의 아버지' 휘호 흐로티위스는 이 대학 출신이다.

그리고 이 대학에서 교수를 지낸 호이징가이다. 그는 라이덴대에서 교수를 지냈기에 대학 입구를 걸어들어 가다보면, 좌측에 그를 기념 하는 건물에 호이징가의 이름이 새겨진 깃발이 나부끼고 있다.

참고로 라이덴대는 네덜란드 왕실과도 관련이 있는데, 여왕 유리아나(Juliana)와 베아트리크스(Beatrix), 황태자 윌리암 알렉산더 (Willem-Alexander Claus George Ferdinand van Oranje-Nassau)가 라이덴대 출신이고, 베아트리크스 여왕은 2005년 라이덴대에서 명예 학위를 받았다. 이처럼 현재 네덜란드 왕실 오라녜 낫소 가(家)(Huis Oranje-Nassau)와 관계가 깊다.

스페인과의 독립전쟁과 성벽(城壁), 석주(石洲) 이상룡(李象龍) 생각

라이덴 대학은 네덜란드에서 가장 오래된 대학이다. 네덜란드 독립 전쟁 (1573-1574) 때 스페인과의 싸움에서 라이덴 시민이 달성한 업적 의 댓가로 1575년 오라녜공('오렌지공'이라고도 함) 윌리암 1세(Prince William of Orange)가 설립하였다. 4년간의 세금공제와 대학 설립이 라는 포상 중에서 라이덴 시민은 대학설립 쪽을 선택했다고 한다.

지금도 라이덴 시민들이 모여서 스페인과 1년간 싸웠던 성이 잘 보 존되어 있다. 실제 성에 올라 보면 좁다. 어떻게 이런 곳에서 그렇게 오랜 기간 싸울 수 있었을까 하는 생각이 들 정도다.

　네덜란드가 스페인과 싸워서 독립한 것은 근대기 우리의 독립 운동 가들에게도 영향을 미친다. 예컨대, 안동의 유학자이자 독립운동가로 1911년 중국 만주로 망명한 석주(石洲) 이상룡(李象龍. 1858-1932. 임시정부 초대 국무령을 지냈음). 그는 "부여의 옛 땅은 嫩江(눈강. 松花江 지류)에 달하였은즉 이곳은 이국의 땅이 아니요, 고구려의 유족 들이 발해에 모였은즉 여기 있는 사람들은 모두 옛 동포들이 아닌가. 더구나 16세기 和蘭(네덜란드)은 西班牙(스페인)로부터 독립하여 부 흥했으니 옛날에도 사례가 있는 것이다."(李象龍, 「耕學社趣旨書」)라 고 하여, 네덜란드가 스페인과 싸워서 영토를 찾은 것처럼 만주를 선 조들의 옛 강토로 인식한 바 있다.

라이덴의 노벨상 수상자

　라이덴 대학은 설립 이후에 유럽 전역에 알려지게 된다. 즉, 16-17 세기에는 인문과학 분야에서 국제적인 성과를 얻었고, 18세기는 과학 방면의 연구가 알려졌다. 지금도 그 전통은 이어져 오고 있다.

　예컨대, 라이덴대 출신으로 수리물리학 교수를 지낸 핸드릭 안톤 로렌츠(Hendrik Antoon Lorentz, 1853-1928)는 '로렌츠 변환식'을 만 들어 노벨물리학상을 받았다(1902). 이 변환식은 아인슈타인의 상대 성 원리에 대한 수학적 기반을 제공했다고 한다.

　라이덴에서 태어나 라이덴대에서 공부했던 반 데르 발스(Johannes Diederik van der Waals, 1837-1923)도 〈기체와 액체의 상태방정식 에 대한 연구〉로 노벨물리학상을 받았다(1910년).

라이덴대 출신인 니콜라스 블룸베르헌(Nicolaas Bloembergen, 1920-)도 노벨 물리학상을 수상하였다(1981년).

3. 라이덴대의 아시아학, 한국학연구

라이덴대는 아시아 연구도 활발하여, 한국어, 중국어, 일본어 학과와 강좌, 연구소가 설치되어 있다. 네덜란드에서 유일하게 한국학과, 한국학연구소가 있는 곳으로도 유명하다. 아시아 연구의 중심지인 국제아시아연구소(IIAS. Internatioanl Institute for Asian Studies)는 아시아지역 연구를 수행하고 있다. [1]

우리에게 『The Confucian Transformation of Korea :A Study of Society and Ideology(한국의 유교화 과정: 사회와 이념에 관한 한 연구)』(이훈상역, 이카넷, 2003)란 저서로 잘 알려진, 유럽에서 몇 안 되는 한국사 연구자인 마르티나 도이힐러 교수(Martina Deuchler. 영국 런던대학 SOAS 명예교수)도 1935년 스위스 취리히에서 태어나 네덜란드 라이덴대학 동양학과를 졸업, 이후 미국 하버드대학원에서 페어뱅크 교수의 지도로 한국사를 연구하여 박사 학위를 취득하였다.

라이덴대학은 불교연구의 전통도 강하다. 예컨대 『Buddhist Conquest of China(불교의 중국 정복)』(최연식 역, (씨아이알, 2010))로 잘 알려진 에릭 쥐르허(Erik Zꝋrcher, 1928-2008). 그는 라이덴대 중국학과를 졸업하였고, 프랑스 극동학원(Ecole fraꝋaise d'Extrꝋme-

---

1) 지역연구 전반에 대한 정보는 〈Leiden University Institute for Area Studies (LIAS)〉(http://hum.leiden.edu/lias/people/asia.html)를 참고하면 좋겠다.

Orient) 등에서 중국 불교를 비롯하여 티베트어, 일본어, 불교학, 불교 미술 등에 대해 공부하였다. 1959년 라이덴 대학에서 박사학위를 받은 후, 라이덴 대학 중국학연구소 소장을 역임, 은퇴 이후 라이덴 대학의 명예교수로서 연구와 교육에 전념하였다.

라이덴대 한국학과와 교수진

라이덴대의 한국학은 1855년 라이덴대 최초의 일본어 교수로 임용된 요한 요제프 호프만(J.J. Hoffmann. 1805-1878)이 1840년대 일본을 통해 입수한 자료에 기초하여 한국 관련 몇몇 논문들을 출간하는 데서 출발한다.

하지만 정치적 환경과 특히 일본의 한국 식민화가 거의 1세기 동안 한국학의 세계적 발전에 걸림돌로 작용했다. 유럽 한국학의 개척자 중 한명은 1947년 라이덴대에서 한국학 강의를 시작한 프리츠 보스(Frits Vos. 1918-2000) 교수이다.[2]

보스 교수는 1996년 '용재상'을 수상한 바 있고[3] 시인 조병화와도 깊은 친분이 있었던 것 같다. 1964년 보스 교수는 그의 논문 "Idu and Hangeul(이두와 한글)"에서 "세계의 최상의 문자가 발명되었다(They

---

2) http://blog.daum.net/imkkorea/13378271참조(검색일자: 2012.1.2.24)
3) '용재학술상'이란 연세대학교 초대 총장 용재 백낙준 박사의 유덕을 기리고 현양하며 그 유지를 계승 발전시키기 위하여 제정된 상으로, 한국학 또는 관련분야에서 탁월한 학문적 업적을 낸 분이나 단체에 수여한다(http://www.yonsei.ac.kr/contents/intro/prize4.html)(검색일자: 2012.1.2.24).
보스 교수는 1996년 3월 11일 오후2시 연세대학교 국학연구원(연구관 207호)에서 〈내가 걸어 온 한국학의 길〉이란 주제로『제259회 국학연구발표회 : 제2회 용재학술상 수상 기념 강연』을 한 바 있다.

invented the world's best Alphabet)"고 한글의 우수성을 평가한 바 있고[4], 삼국유사를 "정보와 경이의 마르지 않는 원천"으로 보고, 일찍부터 이를 영역하기 시작했다.[5]

보스교수의 한국학을 이어 바우데바인 왈라벤 (Boudewijn Walraven)이 한국학을 계속해오고 있다.(호프만→보스→왈라벤)

이어서 지명숙(池明淑)교수, 렘코 브뢰커(Remco Breuker)교수, 쿤드 퀘스터(Koen De Ceuster)교수가 그 맥을 잇고 있다. 아우러 최근 세계 각국에서 다양한 주제로 연구하는 젊은 대학원 박사과정생들이 연구를 지속하고 있다.

참고로 교수진은 한국 문학, 역사, 문화, 사상사 등에 걸쳐 있으며, 각각의 약력 및 전공을 간략하게 소개하면 다음과 같다.

• 바우데바인 왈라벤 교수: 라이덴대 동양학과 졸업(한국학 전공)하고, 서울대에 유학하였다. 라이덴 대학에서 석사와 박사학위를 받았으며, 주 연구 분야는 종교적 신행(religious practice)의 문화사적 이해이다. 현재 성균관대 동아시아 학술원 국제저널 『Sungkyun Journal of East Asian Studies』의 편집장으로 있다. 저서(공저)로 『보물섬은 어디에─네덜란드 공문서를 통해 본 한국과의 만남』등이 있다.

• 지명숙 교수: 한국외대 네덜란드어과를 졸업하고 라이덴대에서 어문학과에서 네덜란드 19세기문학을 전공하고 박사학위를 받

---

4) http://blog.naver.com/PostView.nhn?blogId=bpear&logNo=150126640467참조 (검색일자: 2012.1.2.24)

5) http://blog.daum.net/imkkorea/13378271참조(검색일자: 2012.1.2.24)

았다. 옮긴 책으로 『바스티유 광장』 등이 있으며, 저서(공저)로 『보물섬은 어디에―네덜란드 공문서를 통해 본 한국과의 만남』 등이 있다.

- 렘코 브뢰커 교수: 라이덴 대학 동양학과에서 한국학과 일본학을 전공했고, 서울대에 유학하였다. 한국 중세(고려시대)에 형성되었던 다원적 아이덴터티에 관한 연구로 박사학위를 받았다. 최근에는 그 연구를 확장시켜 동북아시아 중세사를 재개념화하는 데 주력하고 있다.
- 쿤 드 퀘스터: 벨기에 루벵(Leuven)대학에서 일본학 박사학위를 받았고, 1995년 네덜란드 라이덴대에 부임, 한국 근현대사를 강의하고 있다. 한국정신문화원(현 한국학중앙연구원)에 유학하였다. 주요 연구분야는 역사와 아이덴터티의 문제, 민족주의/민족 만들기(nation building), 식민주의와 근대성이다.

한국학연구소는 라이덴대 동양학도서관 내에 설치되어 있으며, 한국학에 관련된 많은 잡지와 도서들이 진열되어 있다. 특히 보스교수가 수집하거나 기증한 1950-60년대 한국학 관련 도서들이 눈에 띈다.

라이덴과 미술

라이덴 지역은 네덜란드 내에서 미술사로도 매우 의미 있는 곳이다. 루카스 반 라이덴(Lucas van leyden. 14941533), 램브란트(Rembrandt Harmensz. van Rijn. 1606-1669), 얀스테인(Jan Steen. 1626-1679), 헤라르트 다우(Gerard Dou. 1613-1675), 하브리엘 메

추(Gabriël Metsu. 1629-1667), 프란츠 반 미리스(Frans van Mireris. 1635-1681), 그리고 빌름 반 데 벨트(Willem van de Velde the Younger. 16331707)를 비롯한 16세기, 17세기 회화의 가장들이 바로 라이덴 출신이다.

참고로 빈센트 반 고흐(Vincent Willem van Gogh. 1853-1890)도 미술 때문은 아니고, 그가 사랑했던, 3살 연상 헤이그의 매춘부 시엥 호르닉의 출산 때문에 라이덴을 찾은 적이 있다.(고흐,「테오에게 쓴 편지」(1882년 7월 2일 일요일 오후) 참조).

현재 라이덴 시에는 램브란트의 생가, 수학하던 곳 등의 흔적이 많이 남아 있다. 내가 살던 아우데 싱글(Oude Single)에서 라이덴 대학의 IIAS에 가려면 램브란트가 어릴 적 수업받던 곳과 거주했던 집을 지나가야 한다. 그래서 운 좋게도 늘 램브란트 생각을 많이 했다.

풍차와 운하의 도시

여담이지만 나는 풍차를 좋아한다. 왜 그럴까? 생각해보면 어릴 적 내가 물레방아를 좋아했던 기억과 연관된다.

나는 유년기에 '물레방아'를 보며 자랐다. 물이 떨어지는 힘으로 바퀴가 돌아가는 물레방아는 '물레'(솜이나 털 등의 섬유를 자아서 실을 뽑는 기구나 도자기 공예에서 사용하는 회전 기구를 통칭)와 '방아'(곡식을 찧거나 빻으려고 만든 기구나 시설)를 합한 말이다. 물레방아를 '물방아'라 하기도 한다. 근대식 정미소가 나오기 전엔 대부분 물레방앗간에 가서 곡식을 찧어오곤 했다. 물이 떨어지는 동안 덜컹대며 돌아가던 물레방아. "~천리 타향 멀리 가더니 새 봄이 오기 전에

잊어버렸나 고향의 물레방아 오늘도 돌아가는데~"라는 유행가 가사처럼, 유년은 그런 풍경의 상실과 함께 망했다. "~초가집도 없애고 마을 길도 넓히고~"(새마을 노래/박정희 작사 작곡)란 박정희의 '조국의 근대화' '새마을운동'란 구호는 이런 풍경을 말끔히 먹어치우고, 입을 스윽 닦았다. 이렇게 나이가 들어도 이런 유년의 기억은 생생하다. 나의 유럽은 그런 막연한 동경 속에서 유랑을 꿈꾸며 물레방아 같은 회전, 변화에 민감해 하며 자라나고 있었던 것은 아니었을까.

3월 초순 한국을 떠나 스키폴 공항에 내려 어두워진 도로를 달려 라이덴시에 도착할 때까지 나는 30여분 동안 네덜란드이 어두워진 들판의 물길과 풍차를 바라보고만 있었다. 이처럼 제일 먼저 보고 싶었던 풍차.

라이덴 역 근처의 풍차. 그리고 램브란트 생가 근처, 시내를 벗어난 곳 숲 속. 내가 일부러 찾아 다녀 본 시내 풍차들이다.

4. 데카르트, 스피노자와 라이덴대

라이덴 대는 프랑스의 철학자 데카르트(Ren Descartes, 1596-1650)가 1630년 라이덴대학에 등록하여 가르친 적이 있고, 이 때문에 당시 암스테르담에 있던 스피노자(Baruch De Spinoza. 1632-1677)도 이 대학에 관심을 가졌다. 스피노자는 이후 덴하그로 옮겨 광학에 대한 관심 때문에 렌즈를 깎으며 생계를 유지하며, 철학적 저술에 몰두한다.

아래의 좀 긴 인용문을 보면, 스피노자 당시 라이덴 대학의 데카르트주의적 지식 풍경, 철학적 사색에 필요한 도구로서의 이성과 종교적 신앙이 구분되고 있었던 대학의 상황을 잘 살필 수 있다.

　1659년 초 이전의 언젠가에 그(=스피노자)가 레이덴(=라이덴)에 머물렀거나 그곳의 대학(=라이덴 대학)에서 공부 하기 위해 주기적으로 레이덴을 방문했음을 나타낸다. (중략) (토마스 수사는) 스파노자가 "레이덴에서 공부했으며 훌륭한 철학자였다."라고 이야기 한다. 실제로 스피노자는 자신의 철학적 소양을 신장하기 위해서 아마도 확실하게 레이덴에서 공부를 시작했을 것이다. (중략) 1630년에 데카르트 자신이 수학을 공부했던 레이덴 대학이 스피노자에게 특별히 매력적이었고, 그래서 그의 목적을 위한 자연스런 선택이었던 것은, 그 대학이 공화국에서 가장 오래되고 가장 좋은 대학이라는 사실만이 아니라, 데카르트주의적 교수들을 잘 받아준다는 그 대학의 명성 때문이기도 했다.
　1646년에 대학 의회와 1656년에 홀란트의 주들이 공포했던 바에 따르면, 데카르트 철학을 가르치는 것을 금하는 법령에도 불구하고, 공공연하게 데카르트 사상과 물리학, 의학, 논리학, 형이상학에 데카르트 사상을 다양하게 적용하는데 몰두하고 있었던 사람들이 레이덴 대학의 철학과와 신학과에 있었다. 1648년 신학과 교수로 임명된 아브라함 헤이다누스 뿐 아니라, 동양 언어학 교수이며 수학자인 야곱 골리우스가 있었다. 그리고 데카르트의『방법서설』의 부록을 위한 삽화를 그렸던 소 프란스 판 쇼턴은 1660년에 그가 사망할 때까지 레이덴에서 수학을 가르쳤다. 그러나 그 과정들 가운데에서 스피노자가 가장 흥미를 느꼈던 것은 철학과의 과목들이었다. 철학과에서는 논리학, 물리학, 형이상학, 심리학과 윤리학을 가르치고 있었다. 대학의 철학 교수들이 신학에 대해서 언급하지 않는 한, 대학은 그들로 하여금 자신들의 길을 가도록 했기 때문에, 여기서 특히 데카르트주의가 꽃을 피웠다. 적어도 이론에 있어서 이러한 제한 정도는 철학자들이 받아들일 수 있는 것이었다. 그들은 이성(철학으로 사색하는데 적절한 도구)과 신앙을 구분하는 것의 중요성을 일반적으로 강조했기 때문이다.[6]

나는 라이덴에 있으면서 데카르트의 철학, 해석기하학, 광학, 신학적 입장에 대해 관심을 갖고 책들을 읽었다. 아울러 스피노자 및 그의 여러 저작에도 관심을 가지기 시작했다. 덴하그의 스피노자가 살던 집에 세 번이나 가서, 그의 향취를 느껴보기도 하고, 그의 무덤을 찾기도 했다. '책으로만 읽었던 스피노자를 이렇게 만나다니', 그의 비석 앞에서 나는 한참을 서 있었던 기억이 생생하다.

5. 西周(니시아마네), 난학(蘭學, 란가쿠)

라이덴, 라이덴 대학은 시볼트(Philipp Franz von Siebold, 1796-1866), 니시 아마네(西周. 1829-1897) 등 일본의 '난학'(蘭學)과 관련이 깊다.

그리고 라이덴 시에 남아 있는 시볼트 거리(Sieboldstraat), 데지마 거리(Decimastraat)는 일본이 네덜란드와 교류한 흔적이고, 일본의 난학이 오고 가던 길이었다.(#사진13-1 시볼트 거리(Sieboldstraat), 데지마거리(Decimastraat) / 사진=최재목)

식물학자 카르로스 크리시우스(Carolus Clusius. 1526-1609)가 라이덴 대학 〈부속 식물원〉의 책임자로 부임할 때(1592) 튤립 구근을

---

6) 스티븐 네들러, 『철학을 도발한 철학자 스피노자』, 김호경옮김, (서울: 도서출판 텍스트, 2011), 317-19쪽).

해외에서 가져와 네덜란드에서는 처음으로(1594) 꽃을 피웠다는 이 야기가 있다.

1630년대에 있었던 군사, 정치, 종교에서의 이러한 투쟁은 다양한 사회적, 경제적인 불안을 야기했다. 1635년과 1636년에 특히 심각한 재난이 일어났다. 1624년에서 1625년의 마지막 전염병 이후, 십여 년 의 시간이 지난 때였다. 당시의 전염병은 암스테르담에서만 1만8천 명의 생명을 앗아 갔었다. 그러나 최근의 전염병은 더욱 치명적인 것 이었다. 2년 사이에 암스테르담에서 2만 5천 명 이상이 사망했으며 (그 도시 인구의 20퍼센트에 해당한다)레이던에서는 1만 8천 명이 사 망했다(그 도시 인구의 거의 30퍼센트에 이른다). 전염병의 감염은 어 느 종교든 차이가 없었다. 암스테르담 유대인들은 그 도시의 다른 사 람들과 섞여 살고 있었기 때문에 그들도 다른 그룹들만큼 심각한 타 격을 입었다. 블로인뷔르흐 섬의 빽빽하게 붙어 있는 복잡한 구역에 살고 있던 아슈케나지 유대인들은 감염 비율이 특히 높았다.

그러나 이 시기에 네덜란드가 겪은 혼란 가운데 아마도 가장 유명 하며 확실히 가장 파란만장한 것은 1630년대 중반에 덮쳤던 튤립 파 동이었다.

튤립은 네덜란드 토착종이 아니다 그것은 16세기에 근동, 정확히 말하자면 터키에서 옮겨와 심은 것인데, 특히 네덜란드의 토양과 기 후에서, 특별히 하블럼에서 잘 자라났다. 그것은 빠르게 북유럽에서 유행하는 꽃이 되었고, 매우 미적이며 과학적 방법을 도입한 경탄의 대상이 되었다. 네덜란드가 튤립을 발아시키고 재배하는데 뛰어난 기 술을 갖기 까지는 오랜 시간이 걸리지 않았다. 그들은 꽃의 색깔과 크기와 모양을 변화시켜서 믿을 수 없을 만큼 다양한 종류의 튤립을 만들어 냈다. 튤립에 대한 관심은 곧 원예 전문가들과 전문적인 정원사들의 그룹을 넘어서 중류계층과 하류계층을 확산되었다. 그들은 조그만 정원을 꾸미거나 집을 장식하기 위한 매력적인 수단이 아니라, 투자할 경제 상품으로 그 꽃을 생각했다. 진귀하거나 비싼 상품들과 달리, 특히 특출하지 않은 종류의 튤립 무역에는 비록 부유한 투자가들보다 훨씬 적은 규모이기는 하지만, 부자가 아닌 사람도 참여할 수 있었다. 때때로 꽃가루 주머니나 개개의 뿌리를 사고팔듯이 튤립뿌리를 사고 파는 것은 돈을 버는 일반적인 방법이 되었다.

그러나 튤립 뿌리의 사장에서 상품과 돈이 불공정하게 교환되었으며, 투기가 더욱 문제되기 시작했던 1630년대 중반에는 많은 사람들이 점점 더 위험도가 높은 도박 속으로 빠져 들어갔다. 사람들은 튤립 뿌리를 샀고, 계획된 양도 시기를 몇 달 씩 앞당겨서 시기에 맞지 않게 거래를 했다. 구매자들은 종종 실제적인 튤립 뿌리를 전혀 보지 못하거니 약속된 가지각색의 견본들조차 보지 못했다. 거래계약과 튤립 뿌리를 양도하는 사이에서 많은 구매자들은 뿌리에서 그들이 얻을 수 있는 이권은 높은 가격으로 제삼자에게 팔았다. 튤립의 이러한 선물시장(先物市場)은 도박에 참여하려는 더욱 많은 사람들과 함께 급속도로 확장되었다. 한 건의 양도 매매를 둘러싼 업무의 수와 관심을 갖는 사람의 수는 두 번째 구매자들이 마음을 바꿔서 그들의 이권을 다른 사람들에게 주려고 할 때 위험스럽게 늘어났다. 이러한 양도가 계약서에서 일상적으로 일어났기 때문에 실제적인 돈의 변화는 주인을 거의 바꾸지 못했다. 종잇조각을 둘러싼 이러한 행동이 스스로의 림으로 시장을 형성하기 전까지 그것은 단순히 시간의 문제였다. 1637

년에 튤립 뿌리 보다 이권 자체가 투기의 실제적인 대상이 되었다. 물론 이 모든 것은 튤립 뿌리 가격을 천정부지로 상승하게 만들었다. 종이에 기록된 이권의 가격은 양도일이 다가올수록 극도로 치솟았다. 사람들은 특별히 좋은 것을 거래하려고 극단으로 치달았다. 도덕적 중요성을 강조한 화보(畵報)인 《신 및 사랑에 대한 이미지Sinne-en Minnebeelden》에서 야코프 카츠는 한사람, 대체로 한 농부가 튤립 한 뿌리를 위해서 2천 500길더를 지불했다고 우리에게 말한다. 그것은 밀2다발, 호밀4다발, 살진 소 4마리, 돼지 8마리, 양 12마리, 포도주 2통, 버터 4톤, 치즈 1천파운드, 침대 1개, 의복 몇 벌, 은잔 1개에 해당하는 액수였다. 대폭락이 일어났을 때, 많은 사람들이 피해를 입었다. 그것은 예견된 것이었다.

결국 그것은 "뜨거운 감자"라고 하는 아이들의 게임과 같았다. 양도일이 다가왔을 때, 사람들은 그 종이를 손에 쥐고 있기를 원하지 않았다. 마지막 구매자는 이익을 창출하기는 커녕 튤립 다발 때문에 꼼짝할 수 없었다. 홀란트의 대법정은 일반적으로 분별력 있는 공화국의 시민들이 이러한 광란의 한가운데서 스스로 망가지는 것을 수수방관할 수 없었다. 당국자들이 개입하려고 한다는 소문이 돌기 시작했을 때, 사람들이 그들의 이권을 처분하려고 빠르게 노력하는 만큼, 가격은 급격하게 하락했다. 1637년 4월 법정은 1636년의 파종 이후에 행해진 모든 거래를 무효화시켰다. 논쟁이 된 계약은 지역 치안 판사에게 가져가야 했다. 많은 유명한 집안들과 부자들이 잇따른 악재로 파산했다. 많은 사람들은 튤립 파동을 부채질하기 위해서 튤립 지배자들을 첫 번째로 비난했던 것처럼 그들의 재정적인 손실과 그들의 상처받은 명성을 회복하기 위해 얼마 동안 튤립 재배자들이 필요했다.

우리는 유대인들이 이러한 광적인 분위기에 휩쓸려서 어느 정도로 몰락했는지 알 수 없다. 그들은 확실히 네덜란드 경제가 당면했던 이러한 짧지만 강력한 위기로부터 간접적인 영향을 받았을 것이다. 만약 그들이 자신들이 상업적인 본능에서 이러한 소동에 끼어들 유혹에 넘어가지 않았다면, 그것은 놀랄 만한 일이다. 튤립재배는 상대적으로 새로운 사업이었기 때문에 기존의 어떤 길드도 그것을 보호하지 않았다. 그러므로 프란시스쿠고메즈 다 코스타(Francisco Gomez da Costa)가 비아넌(Vianen) 외곽 지역에서 비교적 큰 규모로 시도했던 것처럼 유대인들이 자유롭게 손을 뻗을 수 있는 영역이었다.[7]

바로 이 식물원 내에 시볼트와 일본의 관계 때문에 만들어진 일본식 정원. 그리고 시볼트를 기념하는 시볼트 하우스.

이 뿐만이 아니다. 니시아마네의 흔적. 라이덴대 근처 골목의 벽에 적힌 마츠오 바쇼(松尾芭蕉, 1644-1694)의 하이쿠(俳句). 이런 등등을 직접 목도한다면 '아! 이곳이 일본과 참 가까운 곳이었구나' 라는 느낌을 받을 것이다.

물론 라이덴 시내에는 하이쿠만 있는 것은 아니다. 여기저기 벽엔 세계 각국 유명 시인들의 시가 적혀 있다. 도시의 운치를 더한다.

'蘭學(란가쿠)'이란?

'난학'(蘭學)은 일본어로 란가쿠(らんがく)라 읽는데, 일본의 에도

---

7) 스티븐 내들러 지음 · 김호경 옮김, 『스피노자-철학을 도발한 철학자』(서울: 도서
출판 텍스트, 2011), 121~124쪽.

(江戸)시대 네덜란드를 통해서 들어온 유럽의 학문, 기술, 문화 등을 통칭한 말이다. 난학은 원래 '란학'이다. 첫 머리의 '란'이 발음이 까다로워 두음법칙에 따라 표기한 것. 난초 '蘭(란)' 자는 네덜란드의 별칭인 홀란트(Holland. 홀란트(Holland) 지방에서 따 온 것)를 일본에서 한문으로 음차한 '화란(和蘭)'을 줄여서 부른 것.

일본의 에도 막부는 원래 서양과의 교류를 금지하였지만, 네덜란드만은 나가사키(長崎)의 데지마(出島)에 설치된 상관(商館)을 통한 교역을 허락.

쇄국 이전에는 나카사키를 통해 유입된 서양학문을 '남만학'(南蠻學 또는 蠻學)이라 했고, 막부 말기에는 네덜란드의 난학 외의 서양학문을 '양학'(洋學)이라 하였다. 만학 · 양학 · 난학을 묶어서 그냥 '양학'이라 하는 수도 있다.

어쨌든 일본의 네덜란드와의 교역은 막부에서 금지한 기리시탄(キリシタン. 吉利支丹, 切支丹, 포르투갈어 cristão(크리스탕)에서 유래)=기독교 선교를 제외한 순수 상업적 의미였다. 그러나 〈상업적 필요→데덜란드어, 네들란드 서적→네덜란드의 문화, 의학, 무기, 제도 등→유럽문화 전반〉 식으로 점층적으로 확대되어 네덜란드와의 교역은 '서양문화 이해-수용의 통로' 역할을 한다. 난학은 이러한 흐름 속에 성립하고, 일본은 이를 토대로 자신들의 추구한 근대의 골격을 만들어간다.

보통 난학의 창시자는 스기타 겐파쿠(杉田玄白, 1733-1817)로 불린다. 그가 총책임을 맡고 번역한 의학서『해체신서』(解體新書, 카이타이신쇼)는, 서양서적 완역으로는 일본 최초인 책이며, 난학사(蘭學史)에서 유명하다. 번역 의학서인 이 책은 일본 전통 의학의 반성과 인간이해 나아가서는 계층의 변화에까지도 많은 영향을 미쳤다고 평가된다. 최근 타이먼 스크리치 지음(박경희 옮김), 『에도의 몸을 열다- 난학과 해부학을 통해 본 18세기 일본-』(그린비, 2008)란 책을 통해 소개된 적이 있다. 원래 『해체신서』는 독일 의사 쿨무스의 책 『Anatomische Tabellen』의 네덜란드어판 『Ontleedkundige Tafelen』을 일본어로 중역한 것이다. 해체신서를 만들면서 일본어에 없는 새로운 단어가 생겨난다(→日本漢語) 오늘날 중국, 한국 등 한자문화권에 널리 쓰이는 '신경', '연골', '동맥' 같은 것이 그 예이다.

시볼트(Philipp Franz von Siebold)

독일의 의학자, 박물학자인 시볼트(Philipp Franz von Siebold, 1796-1866)는 1823년 일본 長崎(나가사키)의 出島(데지마)에 있었던 네덜란드 商館(상관)에서 근무할 의사로서 일본에 처음으로 발을 들여놓았다. 1828년 일본지도 밀반출 사건(이른바 시볼트 사건)이 발생하여 1829년 국외로 추방되었다. 1832년부터 『일본(日本)』간행, 1833년부터 『일본동물지(日本動物誌)』간행, 1835년부터 『일본식물지(日本植物誌)』간행, 1859년(63세)에 다시 일본 長崎(나가사키)에 들어왔다가 1862년에 일본을 떠났다. 이후 시볼트는 라이덴의 일본학 넓게는 아시아학 전개의 초석이 된다.

라이덴에는 시볼트 기념관이 있고 그를 기념하는 식물원이 라이덴 대학 내에 있다.

아울러 시볼트의 조력자이자 그와 더불어 라이덴대에서 일본, 아시아연구를 개척한 호프만(J.J. Hoffmann. 1805-1878)이 있다. 호프만은

『일본문전(Japansche Spraakleer)』(1867-1868)을 지었고, 중국의 사서 중의 하나인『대학(大學)(Ta-hsiieh)』(1864)을 번역한 바 있다. [8]

西周(니시 아마네)와 라이덴

1862년 5월 16일 일본의 막부는 대형 증기함의 건조를 네덜란드 무역회사(NHM)에 발주하였다. 그런데, 원래 막부가 최초에 의뢰했던 것은 미국이었으나 공교롭게도 그때 미국 내에 남북전쟁이 일어나서 차선책으로 네덜란드의 회사 쪽에 발주를 돌린 것이었다.

막부는 배의 건조 진척도를 조사하고 배의 운항에 따른 제반 업무를 네덜란드에서 습득시키기 위해 유학생 그룹을 네덜란드에 파견했다. 우치다 츠네지로(內田恒次郎, 1836-1876)를 단장으로 하고 유학생 그룹 속에는 나가사키의 해군분견대(海軍分遣隊)/해군전습소(海軍傳習所)에서 훈련을 받은 사관(士官) 5명, 와과의(外科醫)/선의(船醫) 2명, 조선기사(造船技師)/선대공(船大工)과 직공들 6명이 들어 있었다. 여기에 시몬 피셀링(Simon Vissering. 1818-1888)교수에게 배울 니시 아마네((西周. 1829-1897)와 津田眞道(츠다 마미치. 1829-1903)도 포함되어 있었다. [9]

1863년(문구3) 5월 니시는 츠다와 네덜란드 라이덴에 도착했다. 니시가 그때 라이덴 대학의 동양어문학부교수 호프만(J.J. Hoffmann)에게 건넨 네덜란드어 서간에는 다음과 같은 말이 보인다. '구주(=서구)

---

8) SieboldHuis 편, 『The Honorable Visitor: Japan in Leiden(譽れ高き來訪者: ライデン-日本)』, (Leiden: SieboldHuis, 2008), 65쪽 참조,
9) SieboldHuis 편, 위의 책, 69-70쪽 참조,

학술에는 물리, 화학, 분석, 식물, 지리, 역사 및 어학 외에 통계, 법제, 경제, 정치, 외교, 방면에 있어서도 여러 긴요한 학문이 있습니다.

그런데 이들 학문은 우리나라에는 전혀 보이지 않고 있는데, 저희들의 목적은 이들 모든 학문을 습득하는 것입니다. (중략) 그 밖에 또한 철학이라 불리는 분야의 학문도 익히기를 원합니다. 우리 국법의 금단에 속하는 종교 사상은 과거 데카르트, 로크, 헤겔, 칸트 등이 제창한 바의 것과는 서로 다른 것입니다. 이 또한 배우기에 사뭇 곤란 하겠지만 생각건대 이 학문의 연구는 우리나라 문화의 향상에 도움이 되는 바 적지 않을 것입니다. 그러므로 저는 만난(萬難)을 무릅쓰고 그런 것들을 배우고자 합니다.' 이처럼 니시는 네덜란드 유학의 목적을 정치학과 법률학, 경제학 등 사회과학의 연수 뿐만이 아니라 서양 철학 연구에도 '만난을 무릅쓰고' 노력할 것을 다짐하고 있었음을 알 수 있다.[10) 호프만 교수는 1863년 6월 6일 로테르담 항에 그들이 도착하자 마중을 나가서 라이덴까지 데리고 온다.

니시 아마네((西周)는 2년반(네덜란드어 수업 2개월 + 修學 2년 3개월)의 기간을 라이덴 대학에서 보낸다.) 네덜란드 라이덴 대학에 유학한 뒤, 귀국한다. 그는 시몬 피셀링(Simon Vissering. 1818-1888)교수 밑에서 性法, 國法, 萬國公法, 經濟, 統計의 五科를 주로 배운다. 경제, 통계, 공법 등의 용어에서 알 수 있듯이 사회과학적 실증적, 실용적 특성을 지닌 학문이었다. 따라서 전문가들의 얘기로는 그가 번역한 '철학'은 인문학적으로 볼 것이 아니라 오히려 수학 과학과 연관되

---

10) 미야카와 토루 외, 『일본근대철학사』, 이수정 역, (서울: 생각의나무, 2001), 10쪽 참조.

며, 과학철학적 성향도 짙다고 한다. 분명히 관념론이나 형이상학적 성향과 다르다. 그래서 당연히 그가 번역한 철학은 동양의 천인합일(天人合一) 운운하는 유학(儒學)-이학(理學)-성리학(性理學)-주자학(朱子學)과 구별되는 것이다.

이후 그는 귀국하여[11] 1874년 'philosophy'(그리스어 φιλοσοφια=philosophia: philo[愛] + sophia[智], 智(智慧)를 희구하는 것)를 일본한어(日本漢語) '철학(哲學, 테츠가쿠)'이란 말로 번역하여 1874年(明治7年) 『백일신론(百一新論)』이란 책에 처음 소개한다. 그로 인해 당시의 일반인이 그(철학) 개념에 접할 수 있게 되었다. 그런데 『백일신론』이란 책은 출판되기 7년 전인 1867년(慶應3年)경 기초(起草)한 것이며, 또한 그 4년 전인 1870년(明治3年)경에 그의 사숙(私塾) 「육영사(育英舍)」에서 강의한 것을 기록한 강의록 『백학연환(百學連環)』[12]에서도 '철학(哲學)'이란 개념이 사용된 바 있다.[13] 이후 '哲學'

---

11) 이에 대해서는 日蘭學會編, 『洋學史辭典』, (東京: 雄松堂出版, 1984), 416쪽 참조. 西周는 2년 반(네덜란드어 수업 2개월 + 修學 2년 3개월)의 기간을 라이덴 대학에서 보낸다.

12) '百學連環'이란 西周가 Encyclopedia를 번역한 용어이다. 西周는 Encyclopedia에 대해 明治 3년 그의 私塾 「育英舍」에서 강의를 하였다. 이를 기록한 강의록 『百學連環』「總論」의 冒頭에서 그는 『百學連環』 강의 제목의 의미를, 「英國의 Encyclopedia라는 말의 語源은 希臘의 Ενκυκλιοζπαιδεια라는 말에서 왔다. 즉 그 말의 의미는 「어린아이(童子)를 원환(輪) 속에 넣어서 교육한다는 뜻」이다.」(西周, 「百學連環」, 『西周全集』第四卷(復刻版), (東京: 宗高書房, 1981) 11쪽)운운하여, 오늘날 『百科事典』·『百科全書』라는 말로 번역되는 'encyclopedia'를 그리스의 어원에 근거하여 '圓環kuklos'과 '아동·교육paidos'이라는 두 용어에서 성립했다는데 주목하여 「百學連環」이란 번역어를 만든다. 즉, 「아동을 원환(輪) 속에 넣어서 교육한다」는 의미를 살리고자 한 것이었다.(渡部望, 「「百學連環」の歷史的位置と意義」, 『北東アジア研究』第14·15合併號合, (島根縣立大學 北東アジア地域研究センター, 2008.3) 참조). 당시 이 강의록은 출판되지 않았으며, 현재 『西周全集』第四卷에 수록되어 있다.

이란 개념은 일본 내에서는 물론 중국, 한국에도 수입되어 지금까지 유행하게 된다.[14)]

당시 니시 아마네와 함께 유학한 츠다 마미치는 philosophia를 '구성학'(求聖學)으로 번역하기도 하였고, 니시가 철학이라 확정한 뒤에도 츠다는 희철학(希哲學)을 당분간 사용했던 것 같다.

니시 아마네의 번역어 이후 애지(愛智)의 '애(愛)'에 해당될 수 있는 '희(希)'의 정신은 소실되거나 침묵해버렸다. '희' 자가 사라진 자리에 sophia에 해당하는 '지(知/智)'만이 '철(哲)'이란 글자로 간판을 바꿔 내걸고 활보하기 시작했다.

아울러 '철학'의 '학(學)'은, 니시 아마네가 '백학(百學)은 고리를 이루고 있다'는 뜻에서 '백학연환(百學連環)'이란 말을 사용하듯, 고리를 이룬 '백학(百學)의 한 장르'에 불과하다. 한편 니시 아마네의 번역어 이후, 철학이란 개념은 일본 내에서 그의 실증적 · 실용적 경향과 별도로 '데칸쇼'(데카르트, 칸트, 쇼펜하우어)로 대표되는 관념론적 성향의 흐름이 주류를 형성한다. 식민지기 우리나라 학계의 철학은 주로 이 계통을 이어받았다.

니시 아마네는 애지(愛智)란 뜻의 philosophia를 처음에, 북송의 주돈이(周敦頤. 1017-1073, 호는 濂溪)가 말한 「聖希天, 賢希聖, 士希賢(성인은 하늘과 같이 되기를 희구하고, 현인은 성인과 같이 되기를 희구하고, 사인(士人. 독서인 계층)은 현자와 같이 되기를 희구한다)」

---

13) 菅原 光, 『西周の政治思想—規律　功利　信』, (東京: ぺりかん社, 2009), 191쪽, 201쪽 참조.

14) 西周는 이외에도 主觀 · 客觀 · 槪念 · 觀念 · 意識 · 歸納 · 演繹 · 命題 · 肯定 · 否定 · 原理 · 理性 · 悟性 · 現象 · 藝術(liberal arts의 번역어) · 技術 등 많은 번역어를 만들었다.

에 나오는 '사희현(士希賢)'의 희현을 따서 '희현학(希賢學)'으로 했다. 다시 여기서 '현(賢)' 자를 '사물의 이치에 밝다'는 뜻의 '철(哲)' 자로 바꿔 넣어 '희철학(希哲學)'으로 하였고, 또 다시 희철학에서 '희'를 떼어내어 결국 '철학'('사물의 이치에 밝은 학문' 즉 두루 많이 읽고 기억을 잘 하는 박람강기(博覽强記)의 경향을 느끼게 한다)으로 확정하는 결단을 하였다. '희철학'으로 번역했다가 나중에 '희'자를 떼어버린 데 대해서는 여러 가지 추측이 있지만, 이유는 분명치 않다. '희'라는 글자는 뭔가 막연하여, 앎을 추구해 가는 구체적 과정이 생략된, 주관적·추상적·정신주의적인 것이라는 생각에서가 아니었을까.

잠시 고대 그리스로 거슬러 올라보자. 자기가 무지하기에 지를 열심히 사랑하며 구한다는 뜻을 담은 '필로소피아(philosophia)'란 말 또한 어느 날 갑자가 추상명사로 탄생한 건 아니다. 소크라테스 이전부터 있어 온 '-을 사랑하는(philo-)'식의 형용사에서 처음 'philosophos(지식을 사랑하는)'라는 '형용사'가 만들어졌다. 여기에 영어 the에 해당하는 그리스어 남성정관사 오(o)를 붙여서 '지식을 사랑하는 사람'이란 오·필로소포스라는 말을 피타고라스가 처음 사용하였다고 한다. 이어서 헤르도투스가 오·필로소포스를 '지식을 사랑하며 구하다'는 뜻의 필로소페인(philosophein)이라는 '동사형'으로 사용하였다. 다시 이것을 소크라테스가 '지(智)에 대한 사랑'(애지)이라는 뜻의 추상명사 '필로소피아(philosophia)'로 만들어 사용한 것이다.

하지만, 필로소피아는 어딘지 좀 막연한 개념이다. 다만 소크라테스는 '사랑한다'는 것은 반드시 '무언가를 사랑하는 것'이고, 그 무언가(=대상)를 '나의 것으로 만들고자 욕구하는 것'이었다. 따라서 사랑하고 있는 자는 그 사랑의 대상을 아직 자기 것으로 소유하고 있지 않다. 그래서 '무지(無知)이다'라는 것이다. '愛知(philosophia)'는 어떻게 하든 대상을 자기 것으로 만들려 욕망하는 것! 애지자(오 · 필로소포스)는 바로 '지'를 나의 것으로 만들고자 사랑하며 구하는 사람을 말한다! 이렇게 '무지의 지'를 기반으로 이루어진 愛知가 필로소피아이다.

그렇다면, 필로소피아는, '사물의 이치에 밝은 학문'이란 번역어 '철학(哲學)', 심지어는 철학사를 읽고 그 지식들을 암기하는 식으로 굳어진, 스스로 사유하는('philo' · '愛' · '希') 능력이 거세된 현재 학계의 철학과 분명히 구별되는 점이 있다. 스스로의 무지를 넘어서기 위해 지(知)를 찾아 헤매는 그런 필로소피아의 정신은 사라지고, 주지주의적으로 번역된 니시 아마네의 '철학'이란 번역어의 그늘 · 그림자에 우리는 지금까지 무반성적으로 속고 살아 온 것은 아닐까.

6. 맺음말

위에서 라이덴, 라이덴 대학을 다녀 온 뒤의 네덜란드 '동양학'의 풍경에 대한 약간의 소감을 피력하였다. 이번 기회엔 시간이 너무 촉박하여 깊이 있는 논의에 이르지 못했음이 아쉽다. 참고로 해외한국학 전반에 대해서는 한국국제교류재단에서 엮은 『해외한국학백서』(을유문화사, 2007)를 읽어 보았으면 한다. 앞으로 네덜란드 나아가서는 영국, 프랑스, 독일 등 유럽 한국학, 일본학, 중국학과 같은 동양학 전반에 대한 폭넓은 소개가 이뤄지길 바란다.

유럽의 '산'과 '물'

연구년을 맞이하여 유럽을 다시 갔다. 모처럼 읽고 싶고, 쓰고 싶고, 보고 싶은 것을 하면서 지냈다. 특히 유럽의 이곳저곳을 둘러보면서, 그런 풍광을 거울삼아, '동양적'이라 생각하는 내 자신을 비춰보았다. 내가 느꼈던 유럽의 '山'과 '水'를, 동양적인 것과 대비하여, 약간 정리해보기로 한다.

유럽이란 산설고 물선 땅

유럽을 돌면서 나는 느낀다. 산에 기대고 물에 기대온 동양적인 나의 삶. 자연스레 山水 쪽에 시선이 머문다. 그런데 그게 우리네 풍경과 뭔지 좀 다르다. 우리의 낯익은 풍경들이 사라진 곳, 그 낯설고 물선 곳에, 유럽 山水는 자태를 드러낸다. 한마디로 이국적인 풍광, 어린 시절부터 내가 그렇게 발딛어보고 싶었던 곳 아닌가. 하늘과 구름, 땅과

흙, 산과 언덕, 나무와 풀과 꽃, 물, 어둠, 안개 모두 빛깔이 다르고 모습이 다르다. 이런 것들이 주변 도시 건축물과 어울려 한 폭의 이색적 풍경을 만들어낸다.

우리 '天人無間' 전통을 돌이켜 보며

내가 동서남북의 유럽을 떠돌며 느낀 산수는 '인간이 작위적으로 만든 자연' 즉 '人爲自然'이었다. 우리는 山-水-人間 사이에 간극이 없는 자연이었다. 나는 이것을 '無間自然'이라 부르고 싶다. 金麟厚 (1510~1560)의 아래 時調처럼, 山-水-人間이 '절로절로'의 전체적 흐름 속에 아무런 '간극 없이' '하나가 되어 있는 것'. 산수 속에 인간은 아주 자연스레, 한 점 튀지 않게, 위치해 있다.

> 靑山도 절로절로 綠水도 절로절로
> 山 절로 水 절로 山水間에 나도 절로
> 이 중에 절로 자란 몸이 늙기도 절로절로

이러한 天人無間의 전통은 한국의 자연관의 근본이다. 이것은 중국의 天人合一과도 다르다. '無間'은 '合一'과 다르다. 합일이란, 마치 '五行'이 '土'(中原, 中華, 黃色)를 중심으로 '木'(東-夷-春-靑色), '火'(南-蠻-夏-赤色), '金'(西-戎-秋-白色), '水'(北-狄-冬-黑色)의 각 변방-오랑캐를 통합하는 것처럼, 중국과 그 주변을 통합하려는 일종의 사상 '工程'이다. 그것이 학술적으로는 격물치지와 같은 공부와 내면적 수행을 통해서 이루어진다. 여기엔 당연히 이론적 · 원리적 · 논리적 통합의 의지와 노력이 수반된다.

그러나 천인무간은 본질적으로 天人이 이미 '通'해 있다는 관점이다. 그래서 인간의 위치는 천지 속에서 특별히 구별되지 않는다. 천지 만물은 이미 서로 '하나'이기에, 별도로 하나가 되어야 하는(=합일의) 인위적인 조작이나 노력이 불필요하다.

宋純(1493~1582)의 時調를 보자.

> 十年을 經營하여 草廬三間 지어내니
> 나 한間 달 한間에 淸風 한間 맡겨두고
> 江山은 들일 데 없으니 둘러두고 보리라.

이어서 金長生(1548~1631)의 時調를 보자.

> 十年을 經營하야 草廬 한間 지어내니
> 半間은 淸風이오 半間은 明月이라
> 江山은 들일 데 없으니 둘러두고 보리라.

宋純의 경우는 인간에게도 「一間」, 달과 淸風에게도 각각 「一間」을 맡겨두고, 강산은 너무 커서 들여놓을 데가 없기 때문에 그대로 두고 본다고 한다. 한국의 전통 정원이나 산수 풍경, 전원 생활의 극치는 이런 풍류에 기반한다. 초려 한 間, 청풍 한 間, 명월 한 間은 강산을 배경으로 하나를 이룬다. 초려–청풍–명월이 각각의 공간(家·間·場)을 차지한 것 같지만 그것은 천지, 우주 속에 임의적으로 위치해 있을 뿐, 별도의 고유한 장소가 없다. 그것은 각각 '있는 그대로의=모두 연결되어 하나인=서로 소통하는 분리할 수 없는' 일체화한 공간에서 살아있는 이미를 갖는다. 이것이 한국 사상사에 퍼져 있는 "天地萬物一體無間"의 사상이다. 宋純에서 金長生에 이르면, 천지 속의 '草廬三間'은 '草廬 한間'으로 좁아지고, 그 속에 淸風·明月이 각각 「半間」씩 '사이 좋게' 나누어 쓴다. 「間」은 만물이 존재하며 소통하는 공간이다.

天人分離의 전통, 일본, 유럽

그런데, 일본에서는 중국의 천인합일도, 한국의 천인무간도 아닌 天人分離의 전통이 두드러진다. 인간은 인간으로서, 천은 천으로서의 '分' 즉, 각기 고유의 역할, 기능, 활동 공간이 있다. 천과 인 사이, 사람과 사람 사이에는 극복 불가능한 간극(단절)이 존재한다. 인간이 자연에 대해 적극적으로 작위하는 것이 필요하며, 현실 정치란 자연 구조에서 작위 구조로 변형해 가는 것이다. 예컨대 일본의 분재나 정원을 보라. 모두 인위적으로 창조된 풍경이자 정취이다.

이런 전통은 서양의 지성사에서는 더욱 뿌리 깊으며 보편화되어 있는 것 아닌가. 화이트헤드의 말처럼 서양의 지성사는 플라톤 이원주의의 각주 아닌가. 플라톤이나 데카르트, 그리고 기독교의 기반에 깔린 天人의 '分'-'分離'이 전통은 중국의 천인합일, 한국의 천인무간의 관점과 본질적으로 다른 것이다. 천인분리의 전통에서는 인간 개개인 사이에 분명한 '거리=간극=단절'이 존재한다. 개인은 더 이상 분해, 해체할 수 없는 하나의 실체이다. 그래서 '인류-도덕'보다도 개개인의 '자유-권리'가 문제시된다. 자연에 대해서도 인간은 투쟁해 가며 그 고유의 영역을 확보하고자 한다. 그래서 유럽의 전통은 천과 인의 대결, 투쟁의 역사이다. 물론 사람과 사람 사이에서도 대결, 대립, 대항이 전제된다.

동양에서 山水가 상징하는 것

「知者樂水, 仁者樂山」이란 말이 있다. 『논어』 「옹야」 편에 나오는 공자의 말이다. 일반적으로 「지혜로운 사람은 물을 좋아하고, 어진 사람은 산을 좋아한다」고 풀이한다.

지혜로운 사람은 물처럼 수평적(부단히 흘러 너른 곳으로 뻗어나감), 개방적, 합리적, 동적(역동적-변모), 외적-지식 지향적인 면모를 보여준다는 것을 상징한다. 물은 어디론가 멀리 뻗어 나가는 것, 부단한 자아실현을 상징한다. 그래서 지혜로운 자는 쉼이 없다. 변화를 두려워하지 않는다. 광대한 넓이를 확보하려고 한다. 불교의 위빠사나 수행처럼 관찰, 살핌, 알아차림을 지향한다. 주자학에서 말하는, 사물에 내재한 이치를 탐색해가는 이른바 '窮理'의 측면이다.

이에 비해 어진 사람은 수직적(평지에서 정상으로 오르면 오를수록 하늘에 가까워짐), 평화적, 보수적, 정적(안정적-장중), 내적-덕성 지향적인 면모를 보여준다는 것을 상징한다. 그래서 어진 자는 발 빠르게 자신을 움직이려 하지 않는다. 고요한 깊이를 확보하려고 한다. 불교의 삼마타 수행처럼 주의, 집중, 가지런히 모음을 지향한다. 주자학에서 말하는, 흐트러지고 밖으로 이리저리 치닫는 마음을 한 곳에 모으는 이른바 '居敬'의 측면이다

동양의 전통에서 깊은 산은 그윽하고 또 그윽한 곳, 즉 '玄之又玄'(노자, 왕필본 1장)의 장소이고, 세속의 번잡과 욕망으로부터 멀어

진, 고요한, 아득한, 깨끗한 곳이다. 그래서 그곳에서 평화-평안-평온
을 얻을 수 있고, 깊고 높은 정신적 단계에 다다를 수 있는 최적의 수
행 장소로 숭상된다.

산에는 신선이 사는 仙界가 있다. 그래서 세속을 벗어난(=脫俗) 유
토피아이자 외경의 대상이다. 도인들은 깊은 산에는 신선처럼 살며
산꼭대기로, 산꼭대기로 올라가 신선처럼 天界에 닿는 경지를 꿈꾸었
다. 선녀가 폭포수에서 몸을 씻고 비천(飛天)하는 것처럼 천상의 세
계로 나아갈 수 있는 베이스캠프가 深山幽谷이다. 이처럼 동양에서는
산을 신성시한다. 산을 인간처럼 소중히 여기고 인간 삶의 근거로서,
이상향으로서 상징화한다. 한편 산은 권력, 지위, 정상, 상승의 이미지
로 연결되어 갔다.

어쨌든 동양의 산은 인간과의 투쟁의 대상이 아니라 조화와 이상향
으로서 상징화되었다.

근대기, 구메 구니타케(久米邦武)의 눈에 비친 유럽의 산수

위에서 보듯, 동양에서 보는 산과 물은 동양적 시선이 들어있다. 이
것은 나의 눈에만 그런 것이 아니었다. 이른바 '이와쿠라(岩倉) 사절
단'의 수행원이었던 구메 구니타케(久米邦武, 1839~1931)가 『특명전
권대사 미구회람실기』에서 기록한 유럽 풍광도 그랬다.

세계는 똑같은 푸른 하늘로 덮여 있는 것처럼 보이나 구름 색깔은 나
라마다 다르다. 어디에나 산이 솟아 있고 물이 흐르고 있다지만, 산 모
습은 나라마다 다르고, 물 빛깔도 다르다. 더욱이 인물과 초목은 땅에

따라 기품을 달리한다."(제5권, 제83장)[15]

그는 또 이렇게 말한다.

중국 고전지리서인 『우공(寓貢)』에 흑수(黑水)라는 지명이 나와 있다. 모름지기 물이라는 것은 푸른색이어야 한다고 생각했던 적이 있다. 구미의 땅을 돌아보건대 영국의 물 색깔은 거뭇거뭇하고, 스위스의 물은 어두운 청색이고, 스웨덴의 물은 짙은 청색이다. 물의 색깔은 토지에 따라 변하는 것이라는 생각이 든다. 여행을 많이 한 사람이라면 그림 속의 하늘을 보고 어느 나라의 경치인지를 알고, 산자락을 보고도 어느 지역의 산인지 알아맞힌다. 참으로 드넓은 땅에 펼쳐진 자연이 가는 곳마다 다른 풍경을 만들어 낸다. 이처럼 다채로운 풍경이 그저 놀라울 따름이다.(제2권 제32장)

구메 구니타케의 기록에 포착된 유럽의 산수는 동양과 많이 달랐다. 특히 유럽 각지의 산의 색, 물의 색이 다르다는 말에 나는 동감한다.「영국의 물 색깔은 거뭇거뭇하고, 스위스의 물은 어두운 청색이고, 스웨덴의 물은 짙은 청색이다.」라는 말은 물의 성분도 성분이겠지만, 햇빛, 토양 등등과 조합되어 비치는 모양일 것이다.

알프스 산에서 흘러내려온 강물, 부다페스트를 가로지르는 도나우 강물, 프랑스 파리의 세느 강물, 독일 라인 강물, 네덜란드 운하나 베네치아 운하의 물. 같은 물이지만 서로 서로 색깔도 느낌도 다르다.

---

15) 소명 출판 번역본(2011)의 번역을 참조. 문장은 필자가 일부 수정. 이하 동일.

청산에 살으리랏다!?

「살어리 살어리랏다/청산(靑山)애 살어리랏다/멀위랑 래랑 먹고/청산애 살어리랏다」. 작자 연대 미상의 고려가요인 『靑山別曲』이다. 청산에서 머루 다래를 따먹고 살고자했던 혹은 도피하고자 했던 사람이 쓴 시이다.

「산에는 꽃 피네 꽃이 피네. 갈 봄 여름 없이 꽃이 피네.」(김소월, 「산유화」)라는 산, 아름다운 산. 우리 산은 정겹고 아름답다. 살아있을 때도 찾고, 죽어서 다시 묻힐 곳이 산이다. 그래서 청산은 우리들이 귀의하고자 하는 이상향이다.

그러나 서양의 산은 이렇게 인간에게 호의적이지 않다. 무섭고 척박한 이미지로 만들어져 있다. 그래서 아름다운 산, 청산에 살으리랏다는 식의 사고는 나오기가 힘들었다.

유럽의 산에 대한 관념

그런데, 우리와 달리 중세 유럽에서는 山을 악마가 사는 장소 혹은 추악한 대지의 혹 정도로 폄하되었다.

처음 알프스산을 등정하려고 했던 페트랄카(Francesco Petrarca, 1304-1374, 르네상스 초기의 시인)는 산에 오르는 것은 신을 모독하는 행위라는 말을 듣고 중단했다고 한다.

박홍규는 서양과 동양의 산에 대한 사고를 이렇게 대비적으로 말한다.

서양에서 산은 전통적으로 공포의 대상으로 지옥처럼 여겨졌다. 로빈 후드의 숲으로 상징되듯이 산은 도둑이나 범죄자의 은신처였다. 단테의 〈신곡〉에 표현된 것처럼 천국은 하늘이고 연옥이 산으로서 오르기에 힘들다는 이미지로 연결되었다. 그래서 19세기까지 자연은 종교나 역사나 신화의 소재이기는 했으나 그림의 소재가 되지는 못했다. 예외적으로 자연을 그리는 경우에도 이상적이고 도덕적이며 완벽한 자연을 그렸다. 17세기의 클로드 로랭(Claude Lorrain, 1600~1682)이나 푸생(Nicolas Poussin,1594~1665)이 그 대표인 화가들이었다.

그 산을 최초로 인간적이라고 느낀 것은 18세기 프랑스의 루소(Jean-Jacques Rousseau, 1712~1778), 19세기 영국의 워즈워스(William Wordsworth, 1770~1850)와 독일의 니체에 와서이다. 등산은 물론 방랑도 서양에서는 경원되어 방랑은 저주받은 네덜란드인, 유대인, 집시의 행태로 여겨졌다. 이는 알프스를 비롯한 대부분의 산이 오랫동안 사유지였다는 전통과도 관련되었다. 사유지인 산을 개방하는 '자유로운 산' 운동은 19세기 말에야 이루어졌다. 이는 사회 전반의 반권위주의와 결부되었다. 1870년 이후 프랑스에서 생긴 인상파의 외광파 풍경화는 그 산물이었다.

반면 동양에서는 불교의 전래 이래 산을 신성한 곳으로 여겨 산이 있는 곳까지 방랑을 하고 등산을 하여 정상에 올라 신과 소통하는 관습이 생겼으며 이것이 산악순례로 보편화되었다. 한편 기원전3세기부터 진시황제가 마차로 태산을 오른 뒤 정상에 있는 옥황사까지 7천 계단을 오르는 관습이 생겨났다.

그 후 산은 권력, 미덕, 지위를 상징하는 계급 이미지가 되어 세계정상이니 절정이니 승진이니 승급이니 상승이니 하는 말의 이미지로도 사용되었다. 이처럼 산의 이미지에 반하는 것이 땅이었다. 또 산에 오르는 것이 아니라 산에 사는 것, 즉 반현실이 이상적인 삶으로 추구되기도 했다. 중국의 도연명(陶淵明, 365~427)이 그것을 찬양한 대표적 시인이었다.[16]

산도 아닌 네덜란드의 산

네덜란드는 바다보다 낮은 땅이 국토의 26%나 된다. 유럽 지도를 보면 스위스를 중심으로 한 알프스 산맥이 그 중앙에 우뚝 솟아 있고 그 아래 낮은 곳으로 여러 강이 흘러가 네덜란드를 거쳐 북해로 흘러드는 것을 알 수 있다. 그런데 네덜란드는 바다보다 낮아 언제나 바닷물이 찼다. 그래서 네덜란드 사람들은 바닷물이 들어오지 못하게 둑을 쌓고 운하를 만들고 그 사이에 밭을 일구고 마을을 만들었다.[17] 만일 바닷물을 막을 둑이 사라진다면 국토의 65퍼센트는 바다 속에 잠겨버리고 말 것이다. 가장 낮은 지대인 남부의 경우 북해에 태풍이 불면 바다보다 10미터나 낮아지고 국토 전체의 평균수위도 바다보다 3.5미터나 낮다. 바다보다 50미터 높은 지역을 네덜란드에서는 산이라고 부른다. 네덜란드 최고봉은 321미터.[18] 사실 우리의 관점에서 보면 산도 아니지만 산이라 부른다.

네덜란드 사람들에게는 한없이 넓은 자유로운 공간과 끝없이 펼쳐지는 시야가 필요하다. 따라서 숲이나 산에서 사는 사람들이 아예 없

---

16) 박홍규, 『구스타프 클림트, 정적의 조화』, (서울: 가산, 2009), 58-59쪽.
17) 박홍규, 『박홍규가 쓴 작은 나라에서 잘 사는 길』, (서울: 휴먼 비전, 2008), 16쪽.
18) 박홍규, 『박홍규가 쓴 작은 나라에서 잘 사는 길』, (서울: 휴먼 비전, 2008), 18쪽 참조.

다. 그들은 그런 곳에서 살 수 없다. 이와 관련되는 유명한 에피소드가 있다. 어느 유명한 네덜란드 소설가가 부모의 금혼식을 맞아 스위스 여행을 선물했다. 그러나 부모는 놀랍게도 이틀 만에 돌아왔다. 부모는 스위스가 온통 산으로 막혀 그 풍경을 전혀 볼 수 없었다고 불만을 토로했다.[19]

〈水(물)·知者의 땅 유럽, 山-仁者의 땅 동양〉이라는 직감

앞서서 언급한 「知者樂水, 仁者樂山」의 관점에서 도식적으로 분류하라 한다면, 서양은 지자의 땅이고, 동양은 인자의 땅처럼 보인다. 우리가 어진 자, 물아일체의 포괄적이고 호연지기의 인간에게 더 큰 호감을 갖는다. 이에 비해 유럽은 이성적, 논리적인 사고에 익숙하다. 합리성, 외부세계를 향한 호기심, 보편성에 대한 추구는 산보다 물에 닮아 있다. 육중한 내면의 깊이 보다 유럽인들은 인간 상호간 사물과 인간 간의 인식이나 언어적, 지적 표현기법, 특히 주관과 객관이라는 냉정한 두 틀을 중시한다. 우리는 '빼닫이', '미닫이', '승강기'라는 쌍방 소통적인 표현법에 익숙하다. 하지만 유럽은 그렇지 않다.

물론 유럽인들도 신의 세계, 천상에 가 닿고자 하는 기독교적 수직적 사고도 있다. 그러나 이런 사고도 따지고 보면 因果論에 기반한 것이며, 體用論과 같은 순환론적 사고법이 아니다.

어쨌든 전체적 경향을 볼 때, 동양은 산처럼 무게 있는, 내면적 덕성을 갖춘, '인륜-도덕추구의 공동체'를 지향했다고 볼 수 있다. 반면에

---

19) 박홍규, 『박홍규가 쓴 작은 나라에서 잘 사는 길』, (서울: 휴먼 비전, 2008), 18쪽.

서양은 변화하며, 밖으로 넓이를 가지며 확산되는 물처럼, 개인을 중심으로 한 '자유-권리추구의 공동체'였다고 볼 수 있다.

　내가 유럽을 돌면서 느낀 점 가운데 山水에 대한 것은 이런 것이었다. 물론 나의 직관이 틀릴 수도 있다. 그리고 나의 시고법이 일방적이며, 하나의 경향성을 보편성으로 오인하는 오류를 범할 수도 있을 것이다. 어디까지나 이 단상은 나의 직감에 기반한 것이다.

동서양의 문화에서 보는
'펜'의 의미와 상징

사방의 적과 싸우는 '펜'

세계를 조국으로 생각하고 어디에도 종속되지 않는 자유로운 삶을 살며, 펜으로 종교의 광기에 맞서 싸운 인문주의자 에라스무스(1466-1536)를 생각한다.

퀜틴 마시가 그린 그가 50세 되던 해(1517년)의 초상화, 그리고 1525년 병으로 앓은 이후의 그의 모습을 그린 알브레히트 뒤러의 판화작품(1526년)에는 마른 얼굴로 책에 둘러싸여 글쓰기에 열중이다. 홀바인이 그린 초상화에는 그가 확연히 늙어 있다. 눈을 약간 아래로 내리깐 채 책 위에 가벼이 손을 얹은, 짙은 색의 코트 높은 깃의 모피 옷 검은 베레모 차림. 모자 아래로 하얀 귀밑머리가 삐져나오고 뺨도 움푹 꺼졌다. 지그시 다문 입술 가로 번진, 병약함 그리고 뭔가를 조소하는 듯한 표정. '한 마리 개가 그림자를 보고 짖자, 백 마리 개가 그 소리에 따라 짖는' 개처럼 살 것 같지 않은 독하고 매서운 눈매다.

▲ 에라스무스 초상. 맨 왼쪽은 에라스무스가 50세 되던 해(1517년)에 퀜틴 마시가 그렸다. 마르기는 했지만 책에 둘러싸여 글쓰기에 열중해 있다. 중간 그림은 알브레히트 뒤러의 판화작품(1526년)으로 1525년 병으로 앓은 이후의 모습. 맨 오른쪽 그림은 한스 홀바인이 그린 1530년 경의 그림으로 추정되는 에라스무스 초상화. 에라스무스는 확연히 늙어 있다. 검은 베레모 아래로 나온 귀밑머리가 하얗게 세었고, 빰도 움푹 꺼졌다.(출처 교수신문: http://www.kyosu.net/news/articleView.html?idxno=26528)

슈테판 츠바이크는 에라스무스 평전에서 이렇게 말한다. 「화가들은 에라스무스의 초상화로 자신들의 후원자, 예술적·도덕적으로 존재를 새롭게 형성한 이 위대한 개척자를 찬미했다. 그렇기 때문에 그들은 이러한 정신적 힘의 모든 상징으로 그를 자신들의 화판에 표현했다. 투사가 자신의 무장도구인 투구와 칼로, 귀족이 가문의 紋章과 격언으로, 주교가 반지와 예복으로 표현되듯 그렇게 에라스무스는 모든 그림에 새로 발견된 무기를 지닌 사령관으로, 말하자면 책을 가진 사람으로 나타난다. 예외 없이 그들(=화가들)은 마치 한 무리의 군대에 둘러싸인 듯 책에 둘러싸여 글을 쓰거나 어떤 작업을 하고 있는 그를 그리고 있다. 뒤러의 그림을 보면 왼손에는 잉크통을, 오른손에는 펜을 들고 있다. 그의 옆에는 편지들이 놓여있고, 앞에는 대형서적이 쌓여있다.」(정민영 옮김, 『에라스무스 평전』, 69쪽) 그가 든 펜촉은 창끝이나 칼날과 무엇이 다르겠는가?

볼펜에 밀려난 펜, 그러나 우리 언어 속에 살아 꿈틀대는

63년부터 국내생산이 시작된 볼펜은 미군이 남한에 주둔하면서 소개되었단다. 이후 저렴하고 간편한 볼펜은 모든 필기구의 왕좌를 차지하고 만다. 이렇게 볼펜이 보편화되고 컴퓨터가 상용화되면서 펜은 우리의 일상에서 거의 사라져버렸다. 덩달아 만년필도 일상생활에서 거의 밀려나버렸다.

그러나 분명한 것은, 「지금 그 사람의 이름은 잊었지만/그의 눈동자 입술은/내 가슴에 있어/(중략)/사랑은 가고/과거는 남는 것」(박인환, 「세월이 가면」)이란 시처럼, 펜은 사라졌으나 그 의미와 상징은 우리들 마음속에 여전히 살아 있다. 아니 우리 문화와 의식의 심층에 묻혀 있다가 '물=맥락'을 만나 호출당하면 언제든지 달려올 듯하다. 「펜은 마음의 혀」·「펜은 칼보다 강하다」느니, 「펜대를 꺾는다.」·「펜대를 눕히지 않고 꼿꼿이 세운다」느니 「펜대를 함부로 놀리지 말라」등등 사회적, 정치적, 문화적 맥락의 수많은 어법 속에서 살아있지 않은가.

무언가를 '쓴다'는 것…'자유'를 향한 몸부림의 상징

한용운은 시 「당신을 보았습니다」에서 이렇게 읊었다. 「나는 집도 없고 다른 까닭을 겸하여 民籍이 없습니다./「민적 없는 者는 人權이 없다. 인권이 없는 너에게 무슨 정조냐」하고 凌辱하려는 將軍이 있었습니다./그를 抗拒한 뒤에 남에게 대한 激憤이 스스로의 슬픔으로 化하는 찰나에 당신을 보았습니다./아아, 온갖 윤리, 도덕, 법률은 칼과 황금을 제사지내는 煙氣인 줄을 알았습니다./영원의 사랑을 받을까 人間歷史의 첫 페이지에 잉크칠을 할까 술을 마실까 망설일 때에 당신을 보았습니다.」「온갖 윤리, 도덕, 법률」이 결국 '칼'(=무력, 권력)과 '황금'(=돈, 재력)을 「제사지내는 煙氣」임을 직관하고, ①'당신(=님)'의 '영원의 사랑 받기'라는 종교의 길, ②'인간역사의 첫 페이지에 잉크칠 하기'라는 문학 혹은 학문의 길, ③'술 마시기'=방황과 타락의 길을 두고 망설이다가 결국 '사랑하는 나의 님'(=여래)를 찾는 승려스님의 길을 걷게 되었음을 고백한다. 이 시에서 '잉크칠'은 '펜대를 놀리는' 일이다. 잉크칠은 장군-칼-황금이 암시하는 이른바 '무력-권력-독재-억압-탄압'에 글로써 '격분-항거'하고 자유를 획득하려는 상징이기도 하다. 마치 김지하가 「타는 목마름」에서 말한 말릴 수 없이 '쓰는' 일이다. 「신새벽 뒷골목에/네 이름을 쓴다 민주주의여/(중략)/타는 가슴 속/목마름의 기억이/네 이름을 남몰래 쓴다 민주주의여」처럼, 쓰는 것은 역사 속에서 단순한 작업이 아니었다. '푸르른 자유의 추억'을 더듬으며 '손 떨리는 가슴, 치떨리는 노여움으로' 쓴다는 것은 권력에 항거하는 것이었다. '사상과 언론의 자유'를 구가하기 위해서는 쓰지 말라할 때도 '몰래 몰래' '치떨리는 노여움으로/나무 판자에/백묵으로 서툰 솜씨로/쓴다'. 어디에서라도 써대는 펜은 막을 수 없는 인간의 본능이자 자유를 향한 타는 목마름이다.

생각하는 갈대 끝의 사색, 펜

펜이라는 필기구가 정착한 것은 기원전 2000년 경 이집트의 '갈대펜'에서 시작한단다. 갈대+잉크+파피루스가 만나 현대의 '쓰는' 필기구의 단순하고도 위대한 시스템이 정착해온 것이다. 물론 중세기를 묘사한 그림에서 보이는 깃털 펜도 있다. 갈대든 깃털이든 모두 '약한 것', '부드러운 것'을 상징한다. '사나이 우는 마음을 그 누가 알랴, 바람에 흔들리는 갈대의 순정'이란 유행가 가사에서도 잘 드러난다.

신경림은 「갈대」라는 시에서 읊었다. 「언제부턴가 갈대는 속으로 조용히 울고 있었다./그런 어느 밤이었을 것이다/갈대는 그의 온몸이 흔들리고 있는 것을 알았다/산다는 것은 속으로 이렇게 조용히 울고 있는 것이란 것을 그는 몰랐다.」 이처럼 인간은 갈대처럼 늘 흔들거리고 흐느끼면서 산다. 그러나 인간은 갈대처럼 흐느적거리지만 '생각하는' 존재이다. 사유를 글을 통해 체계화해 가는 위대한 일을 해낸다. 선사들의 손에 휘둘리는 방망이처럼, 선비들의 손에 꽉 잡혀 움직이는 힘찬 붓처럼, 펜은 세상 위에 사상과 문화의 논두렁 밭두렁을 다듬고 일궈왔다. 이쯤에서 파스칼이 『팡세』에서 말한 것을 상기해보자. 「인간은 한 개의 갈대에 지나지 않는다. 자연 가운데서 가장 약한 자이다. 그러나 그것은 생각하는 갈대이다. 그를 짓눌러버리는 데는 전 우주가 무장할 필요가 없다. 한 줄기의 증기, 한 방울의 물도 그를 죽이는 데는 충분하다. 그러나 우주가 그를 짓눌러버릴지라도 인간은 그를 죽이는 자보다 더 한층 고귀할 것이다. 왜냐하면 그는 자기가 죽는 것과 우주가 자기보다 우월하다는 것을 알고 있지만, 우주는 그것들을 하나도 모르고 있기 때문이다.」

동양의 붓과 서양의 펜의 만남

서양의 펜 하면 동양은 붓이다. 둘은 서로 다른 계통을 갖지만 서양의 펜 문화는 근대 이후 일정 부분 동양의 붓 문화 속에 흡수되어 섞이게 된다. 예컨대 근대 이후 언론에서 말하는 「正論直筆」, 「붓을 꺾다」, 「붓을 굽히다」에서 말하는 '필'은 꼭 '붓'만이 아니라 '펜'의 의미-이미지로도 거의 동일하게 쓰이는 것이다. 적어도 '언론과 사상의 자유'라는 문맥 속에서 펜과 붓은 일치한다. 펜은 붓의 문화에 깊숙이 들어와 합체되어 '武-武人'에 대항하는 '文-文人', '정치-권력'에 대항하는 '언론-언론인', '종교나 비도덕적 억압적 사회'에 대항하는 '사상-사상가'의 이미지를 구축했다.

붓을 의미하는 한자 '筆'은 이제 펜을 상징하기도 하는데 '붓-펜'이란 말이 동-서양 필기문화의 동거 혹은 혼인을 의미한다. '붓-펜'은 文의 상징이다. '文-筆'이란 말이 이것을 웅변한다. '문-필'은 곧기도 하고(直筆) 굽기도 한다(曲筆). 강하기도 하고 약하기도(文弱) 하다. 글로써 항거하기도 하고 글로써 아부하기도 한다. 그래서 글 때문에 복 받기도 하고 화를 입기도(筆禍) 한다. 문필생활을 그만두는 것을 붓=펜을 '집어 던진다'(撲筆) '끊는다'(絶筆) 한다. 언론-철학이 권력에 빌붙어서 하수인노릇을 할 때 '시녀-창녀'라는 욕을 먹기도 한다.

그뿐인가. '펜대를 놀리는' 사람이란 말은 관공서에 앉아 인정-사정-물정도 모르고 酬酢만 하는 경우, 또는 먹물 든, 잘난 체 하는 한가한, 콧대 높은 지식인들을 가리키기도 한다. 어느 시인이 콕 찍어 주었다. 「너 낳고,/젖통이 고드랫돌처럼 굳어서 젖 한방울 안 나오는 거여./(중략)/어찌어찌 다시 젖이 돌아 그 상처투성이를 빨고 네가 이

만큼 장성했다만, 그래서 네가 선생질에다가 글쟁이까지 하는가 싶다 분필이나 펜대 놀리는 거, 그게 다 남의 피고름 빠는 짓 아니것냐?/어디, 구멍숭숭 뚫렸던 젖통 한 번 볼겨?'(이정록, 「강」). 펜대 놀리는 것이 결국 약한 자들, 못 배운 자들 위에 군림하거나, 공부시키는 부모들의 피고름 빨아대는 짓이라는 지적이다.

인간의 혼을 만들고 죽이는 문자 그리고 펜

문자가 있는 한 펜은 존재하리라. 문제는 문자와 펜이 인간의 혼을 만들기도 하고 죽이기도 한다는 점이다. 다음 두 이야기가 떠오른다. 먼저, 〈인간들이 하늘에 이르고자 탑(바벨탑)을 쌓기 시작하자 신은 그 과도한 야망을 우려해 인간들이 서로 소통하지 못하게 언어를 혼돈시키고 사람들을 각처로 분산시켰다〉는『구약성서』의 이야기다. 문자-펜을 분열시키면 인간의 단합을 막을 수 있다는 것. 다음으로, 〈고대 중국의 皇帝 적에 蒼頡이 글(書)을 만들자 하늘(天)은 백성들이 이런 지엽적인 일에 몰두해 농사를 소홀히 하여 굶어죽을까 걱정해 좁쌀(粟)을 비로 내려 보냈고, 귀신(鬼)은 문자로 인해 질책 받거나 인간들이 진실로부터 멀어져 말단의 허위에 골몰해 굶주릴까봐 밤새 슬피 울었다〉는『회남자』의 이야기다. 즉 문자-펜은 세상을 건설하기도 하지만, 인간의 혼백을 빼앗고 결국 세상을 말장난의 아수라장='귀신이 곡할 지경'에 빠뜨리고 만다는 암시다. 요즘 세상 돌아가는 모양을 보면 두 이야기 모두 실감하고도 남는다.

언어와 세계

언어? 언(言)+어(語)

우리가 쓰는 한자어 언어(言語)는 언(言)과 어(語)를 합한 것이다. 보통 언(言)은 '나의 말을 신(神)이나 윗사람에게 있는 그대로 하는 것' = '나 쪽에서 상대에게 나를 말 하는 것'(나→상대)이다. 이에 비해 어(語)는 '내가 남과 담화-대화하는 것' = '남을 위해서 내가 말하는 것'(나 남))이다.

언의 글자 모양은 원래 '쥘 손이 있는 날붙이'(날이 있어 대상을 자르는 도구)인 신(辛) 자와 '신에게 맹세하는 문서(文書)'인 구(口)를 합한 것이다. 신에게 맹세하는 글을, 혼자 조용히 한 눈물에 한 눈물로 써서 탁자 위에 눌러 두거나 벽에다 날붙이로 꽉! 꽂아두고서, 쫄면서 고요히 기다리는 광경을 떠올려 보자. 속이거나 미덥지 못한 일을 했을 때, 신으로부터 응당의 죄를 받겠다고 맹세하는 순간. 나의 속마음을 신 앞에서 툭 털어놓고 죄를 묻는, 이실직고(以實直告)의 모습. 이런 흔적을 담고 있는 것이 '언' 자이다.

신=절대자, 소리(언어) 영역을 장악

고대 언어는 대부분 절대자를 '향한' 주술, 가무에 편입되어 있었다. 개인의 독립적 언어는 용납되지 않았다. '~왈(曰)'하고 마이크를 쥐고 세계를 누비며 소리(음성)의 세계를 장악하고 있었던 것은 신이었다. 요즘말로 상권을 장악하고 있었다. 기껏 인간의 소리(음성)는 잡음이자 '신에 단 일련의 각주(a series of footnotes to God)'라고나 할까. 보조적, 주변적인 것으로서 본문이나 주어로는 등장하지 않았다.

최고의 언어는 신=절대자, 하느님의 '말씀'이었다. 거기로 모든 것이 수렴되어 가고 또 연역되어 나왔다. 인간은 자신의 언어를 가지지 않았기에 신의 말씀을 '귀담아 듣고' '충실히 받아 적어야' 하는 위치에 있었다. 세계는 그 분의 것이었기에 인간은 그 일부로서 관찰하거나 판단-해석해 낼 수 있는 위치가 아니었다.

인간들이 하늘에 이르고자 탑(바벨탑)을 쌓기 시작하자 신은 그 과도한 야망을 우려해 인간들이 서로 소통하지 못하게 언어를 혼돈 시키고 사람들을 각처로 분산시켰다는 『구약성서』의 이야기는 언어-문자가 신의 영역에서 인간 자율로 넘어가는 경우의 불안감을 은유한다. 중국 고대 황제(皇帝) 때에도 창힐(蒼頡)이 글(書)을 만들자 하늘(天)은 백성들이 이런 지엽적인 일에 몰두해 농사를 소홀히 하여 굶어 죽을까 걱정해 좁쌀(粟)을 비로 내려 보냈고, 귀신(鬼)은 문자로 인해 질책 받거나 인간들이 진실로부터 멀어져 말단의 허위에 골몰해 굶주

릴까봐 밤새 슬피 울었다'는 이야기가 『회남자』에 있다. 언어-문자는
세상을 건설하기도 하지만, 인간의 혼백을 빼앗고 결국 세상을 '인간
자신들만의 소유'='말장난의 아수라장'으로 만들어 버릴 수 있다는 것
이다. 이런 '귀신이 곡할 지경'은 '인간들의 천국'의 서막을 알리는 것
이기도 하다.

인간 지성의 발달, 세계 해석의 언어를 획득

고대기 인간은 신(절대자)의 뜻에 예속되어 있었다. 그러다가 인간
지성이 발달함에 따라 나(자아)라는 의식이 생겨나고, 인간의 마음이
신으로부터 독립되었다. 여기서 인간의 자유롭고 자율적인 언어 구사
가 가능하게 되었다. 이것은 인간이 신으로부터 벗어나 세계를 스스
로 해석하고 판단하는 자격과 권리를 획득하였다는 의미이다.

신이 장악하였던 소리의 세계, 그 가운데 언어의 세계를 장악하고
모든 공간에서 마이크를 쥐고 큰소리를 치게 된다. 칼을 쥐고 케이크
를 자르듯이.

세계의 주인이 된 인간은 세계를 분절화해 나간다. 자신들의 편의
에 따라 나누고 쪼개고 분류하고 서열화한다. 결국 이 작업은 세계를
언어에 가두는 작업이었다. 다른 말로 개념화이다. 하나하나의 사건
(事) 물건(物)에다 라벨을 붙인다. *=A, **=B, ***=C...라는 식으로. 그
리고는 'A'라는 언어 속에서 '*'라는 개개의 세계를 규명하고 분석하려
는 '언어적' 시도를 수행한다. '흰 가루를 둥글고 길게 만든 것'을 '분
필'이라 부르고, '빨갛고 둥근 것'에다 '사과'라고 적는다. 이처럼. 세계
는 규정되고 분류되고 분화되고 조작된다. 결국 세계라는 것은 언어

속에 있다는 것을 안다. 언어는 '인간 내에서' 생겨나는 것이니, 세계는 인간이 해석, 판단해서 만들어 내는 것에 불과하다. 인간이 언어를 사용하여 세계를 만들어 낸다는 것은 대단한 이야기이다. 시방세계가 온 몸을 드러내는(十方世界現全身) 것이 언어 속에 있다니! 우리 인간 속에 있다니! 이 것은, 언어는 인간 자신의 그림자라는 말도 된다.

미안! 언어는 세계가 아니다

언어는 세계와 인간을 만들고, 이렇게 만들어진 세계와 인간은 다시 언어를 만든다. 수없이 출렁이며 조각내고 깁고, 다시 조각내고 다시 깁어내는 불안스런 이 세계, 수없이 물결처럼 요동치는 세계는 폭류(暴流)와 같다.

그런데 생각해보면 언어는 세계가 아니다. 살은 아니면서 살처럼 보이는 스타킹과 같다. 언어는 세계가 아니다. 언어는 세계를 다 가리키거나 알려주지 않는다. 오히려 세계를 감추고 숨긴다. *=A, **=B, ***=C라 한다면, *는 A, **는 B, ***는 C 이외의 것은 소거해놓고 알려주지 않는다. '흰 가루를 둥글고 길게 만든 것'을 '분필'이라고만, '빨갛고 둥근 것'을 '사과'라고만 부른다.

더구나 언어는 세계를 정확하게 이야기하지 않는다. 뒤죽박죽일 때도 있다. 예컨대 나비와 나방을 프랑스에서는 그냥 하나로 파피용이라 부르고, 개와 너구리를 프랑스어권에서는 구별하지 않는단다. 우리가 구별하는 것을 저쪽에서는 구별하지 않는다. 하얀 토끼 노란 토끼를 영어권에서는 구별하지만 우리는 그냥 토끼라고만 부른다. 뭐, 이런 식으로 대충 대충임을 안다.

아, 역겨운 언어

눈 앞에 ♣♣♣....뭐 이렇게 꽃이 몇 송이 피어있다고 치자. 그것을 보고 내가 "아! 저 꽃"이라고 했다고 치자. 내가 표현한 문장 속 언어(名)로서의 '꽃'(a)은 '실제(實)의 꽃(♣)'(b)이 아니다. 여기에 한 가지가 더 추가할 것이 있다. 눈앞의 꽃을 쳐다보며 내 머리 속에서 떠올린 '이미지(相=想)로서의 꽃(♣)'(c)이다. 이 쯤 되면 이미 머리가 좀 아파 올 것이다. "뭐가 이렇게 복잡해!"하고, 투덜댈 수 있다. 뭐 그렇더라도 설명을 해야 하니 어쩔 수 없다. 할 얘기는 해야 하니까.

우리 마음은 늘 콩밭에 가 있다. 어딘가로 향한다. 지향성, 이것을 동양에서는 전통적으로 뜻 '의(意)' 자로 표현 하였다. 이것은 시도 때도 없이 사물로 향하기에 고정시킬 수가 없으나 가능한 한 바르고 순수하게 유지하려고 하였다. 그것이 성실할 성(誠), 뜻 의(意)를 합쳐서 '성의'라고 하였다. 우리의 마음은 늘 어딘가로 향한다. 어딘가로 이끌린다. 이 이끌림(지향성)은 그 속에 무언가를 찾거나 드러내거나 요구하는 알맹이(본질)를 갖고 있다. 맹탕이 아니다. 빈 깡통이 아니라 콩밭으로 향할 때는 콩을 먹고 싶다든지, 갖고 싶다든지, 관심이 있다든지 알맹이가 있다. 이것이 '이미지(相=想)'이다. 욕망에 뿌리를 둔, 에고의 그림자이다. 인간의 감각, 지각이 만든 이미지이다. 이 이미지는 그 누구에게도 없는, 그 사람만이 느끼고 생각하는 유일한 것이다. 주관적인 것이다. 같은 꽃을 보더라도 각양각색의 이미지를 가지게 되니, 머리 속에는 각기 다른 꽃을 그리게(想念) 된다. 시인 말라르메는 '꽃!'이라고 말하면, 꽃이라는 대상물은 사라지고, 순수한 관념으로서의 꽃이 떠오른다 했다. 이 '꽃'은 세상 어디에도 찾을 수 없고, 알려진 어떤 꽃과도 다른 꽃이다. 언어에만 있는 '그 어떤 꽃다발에도 없는 꽃'인 것이다. 맞다.

여하튼 이쯤에서 정리를 해두자. 앞서 설명한 (a)는 기호의 형식(언어로서의 꽃)이며, (b)는 실제 사물(♣)이며, (c)는 기호의 내용(개개인의 머리 속의 이미지, 相=想)이다. 언어학에서는 (a)를 '시그니피앙(記表)', (c)를 '시그니피에(記義)'라고 한다.

이렇게 되면 일반적으로 우리가 말하는 꽃은, 실제의 '♣'를 두고서, 언어적 형식으로서의 '꽃', 개개인의 머리속에 상념된 내용(이미지, 相=想)이라는 세 가지 영역을 갖는다.

자, 그렇다면 ♣은 언어적 형식의 꽃도 아니고, 내 머리 속에 상념된 꽃도 아니다. 언어와 상념으로서는 한발짝도 다가설 수 없게 된다. 언어로서 세계에 손대거나, 다가서거나, 만질 수가 없다. 언어로써 우리가 세상에 다가서는 것처럼 보이지만, 어림도 없는 소리이다.

언어는 사물과 나 사이에 쳐진 하나의 피막(皮膜)이다. 살색으로 보이는 스타킹을 신은 다리를 생각해보자. 그 다리를 만지지만 실제의 다리 살갗이 아니라 스타킹이다. 투명 유리창으로 산을 바라보며 산을 느끼고 있다고 치자. 그러나 산은 내 곁에 올 수도 없다. 더구나 그 사이에 유리가 있다. 내가 바라보고 있는 것은 실제 산이지만 산이 아닌 것이다. 언어=투명 유리막이 가로 막고 있는 것이다. 이런, 내가 언어의 감옥에 꼼짝 못하고 갇혀있다니! 제기럴!

언어=세계는 나(자아)의 때요, 얼룩이요, 흔적

언어=세계는 나(자아)의 때요, 얼룩이요, 흔적이다. 장자가 말하는 개념-명칭(名)이라는 것은 '실제(실물)의 그림자'(實之賓) 말이다.

시인 신경림이 「갈대」라는 시에서 읊었다, "언제부턴가 갈대는 속으로 조용히 울고 있었다./그런 어느 밤이었을 것이다/갈대는 그의 온몸이 흔들리고 있는 것을 알았다/산다는 것은 속으로 이렇게 조용히 울고 있는 것이란 것을 그는 몰랐다." 언어란, 이처럼 인간의 흔들림-흐느낌의 흔적 아닌가. 바로 자신의 흔들림- 흐느낌의 흔적이 세계의 드러남이다.

결국 언어는 소쉬르의 생각처럼 '구분(구별)할 가치'가 있는 것을 구별하는 이른바 '차이의 시스템'인 것이다. 각 자, 각각의 공동체, 집단에서 구별할 가치가 있는 것은 필요에 의해 구별하는 개념 장치인 것이다.

3

유럽이 지은
인문의 집

프라하, 유럽 중세도시의
고풍(古風)이 숨 쉬는 곳!

가슴 아린 단어, '보헤미안'

문득 중세 유럽도시를 만나고 싶어질 때, 프라하로 가자.

체코의 수도 프라하. 파스텔로 그린 그림 같은 지붕을 따라가다 보면, 상념 속에 그저 아려오는 단어 하나 - '보헤미안(Bohemian)'. 체코는 바로 보헤미아 왕국의 수도이다.

덧붙이면, 체코를 동서로 나눌 경우 동부를 모라바(모라비아), 서부를 체히라 부르는데, 이 체히가 라틴어로 보헤미아이다. 그러니까 보헤미안은 현재 서부 체코인 보헤미아 지방에 사는 사람을 일컫는 말이다. 보헤미아 왕국의 외곽 지역에 집시들이 집단으로 거주하였는데, 이런 이유로, '보헤미안' 하면 '떠돌이 · 부랑배 · 방랑자'를 가리키게 되었다 한다. 따지고 보면 집시는 자유로운 영혼 아닌가. 자유롭게 웃으며 소요하기를 원했던 중국의 철학자 '장자(莊子)'처럼 말이다.

이방인들의 간이역, 체코−프라하

작곡가 지휘자인 구스타프 말러는 보헤미아에서, 정신분석의 창시자 지그문트 프로이트는 모라비아에서, 유대인의 핏줄로 태어난 사람들이다. 체코는 조국을 가지지 못한, 이방인으로 떠돌던 영혼들의 간이역이었다.

"나는 삼중으로 고향이 없다. 오스트리아 안에서는 보헤미아인으로, 독일인 중에서는 오스트리아인으로, 세계 안에서는 유태인으로서. 어디에서도 이방인이고 환영받지 못한다." 구스타프 말러의 말이다. 이처럼, 이방인으로 살다 간 사람들의 영혼이 프라하에 덕지덕지 붙어있다.

"장미여! 오 순수한 모순이여! 수많은 눈꺼풀 아래 누구의 잠도 아닌 즐거움이여!" 이런 시를 묘비에 가진 시인 독일 시인 라이너 마리아 릴케도 프라하 출신 아닌가?

이쯤 되면 이곳 태생의 밀란 쿤데라나나 프란츠 카프카를 들지 않을 수 없다. 카프카의 작품 『변신』에서 벌레로 변해버린 그레고르의 삶처럼, 자유로운 영혼을 꿈꾸는 자들의 피안은 늘 뒤틀리고 일그러져 있지 않은가? 쿤데라의 『참을 수 없는 존재의 가벼움』에서처럼 삶은 일회성으로 가볍거늘, 그러나 슬퍼마라. 영원히 회귀하는 무거움도 있다.

하나처럼 보이나, 프라하를 들여다보면, 무언가 한없이 울퉁불퉁, 구불구불하다.

'프라하의 봄' 생각...

아니, 보헤미안과 달리 마음이 따스해지고, 강건해지는 다른 특별한 단어 하나 – '프라하의 봄' 하기사 이것도 속이 아리기는 마찬가지이다.

제2차 세계대전 이후, 소련 점령 시기. 얼어붙은 땅에 봄이라니? 1968년 소련에 대항하다 좌절된 민주 자유화 운동. 그 선봉에 둡체크가 서 있었다. 그 당시 시위꾼들의 집결장소가 바츨라프 광장. 지금 여기에는 국난에서 체코 민족을 지켜낸 수호 성인 바츨라프의 기마상이 떡 하니 버티고 있다.

먼저 봄이 있어야 여름도, 가을도 있는 법. 프라하 시가지를 한 눈에 바라볼 수 있는, 페트르진 공원에 우뚝 솟은 전망대에서 프라하의 봄 풍경을 굽어본 사람이라면, 언덕배기 나뭇가지가지로 봄 꽃송이에 겹친 골목길과 프라하성 풍광을 놓칠 수 없으리라. 거기 중세가 묻어나오는 무수한 꽃잎들. 그 하나하나가 모두 편지이거나 아니면 프라하에 묻힌 음악의 악보임을. 상상해도 좋다.

봄 그리고 자유를 꿈꾸는 자들의 영혼엔 늘 자연과 생명의 숨결이 살아있다. 그 지역 마음의 첨단, 음악과 예술의 리듬이다. 모짜르트, 말러, 바그너, 리스트, 차이코프스키, 뭐 이런 음악의 거장들이 프라하를 사랑하고 찾았던 것도 프라하 사람들의 따사롭고 열린 마인드가 있었기 때문이다. 프라하가 '유럽의 음악학원'으로 불리는 것도 이런 이유에서이다. 1946년부터 시작된 프라하 국제 음악제가 5월 중순께 개최되는 등, 현재 다양한 음악행사가 줄줄이 열리는 이 도시가 '아! 너무 부럽다'.

하여, 프라하는 사시사철 '봄'인 셈이다.

중세의 풍광, 블타바 강의 카렐교에서 만나다

혹시 저녁 무렵 프라하에 도착했나요? 그렇다면, 얼른 숙소에 짐을 내려놓으시고 바로 프라하의 밤 풍경을 보러 나설 것을 권한다.

먼저 춤추는 건물을, 그 다음엔 블타바 강의 카렐교로. 프라하 성 밑으로. 불빛 속에서 중세 도시의 그 찬연함을 만나보면 좋겠다.

사람들로 붐비는 카렐교. 그 밑으로 고요히 중세의 시간을 싣고 흔들리는 블타바 강물 위의 불빛. 그 흔들림을 따라가다 보면, 어느새 유럽 중세도시의 부표 같은 프라하성, 그 겨드랑이 부근까지 금세 걸어들어가고 말 것이다.

돌이 깔린 울퉁불퉁한 포도(鋪道)를 따라 사람들의 흐름이 향하는 쪽은 다리. 언제나 사람들로 붐비는 카렐교이다. 그 밑으로 고요히 흔들리는 블타바 강물. 위로 눈을 들어 쳐다보면, 아득히 먼 곳에 성 하나. 눈 속에 이 표적을 찍어두고, 일단 다리를 슬슬 건너가자.

'거룩, 거룩, 거룩한 주여'라는 문구가 새겨진 카렐교에는 예수 수난 십자가상 등 성경에 나오는 33인의 성인 조각상으로 난간을 치장해놓았는데, 틈틈 거리의 악사가 걸음을 가볍게 해준다.

발자국을 옮기면 차츰 다가서는 좁은 길. 그리고 아기자기하고 알록달록한 집들. 드디어 막다른 길에 느닷없이 나타나는 두껍고 높은 성벽. 골목과 집들을 굽어보며 누르는 듯하다.

『솜니움(달의 천문학)』, '명왕성=플루토' 생각

프라하에서는 카렐교에 서서 중세 도시의 불빛만 만나서는 안 된다. 근대의 봄을 찾아내야 한다. 한번쯤 케플러를 떠올려도 좋겠다.

독일의 유명한 천문학자 케플러는 어느 날 혜성을 보고 깊은 감명을 받았다. 이후 개인 교수에게 지동설을 배우게 된다. 30년 전쟁을 맞아 그는 프라하로 이동, 당시 유명한 천문학자 브라헤의 조수가 된다. 브라헤가 죽자 케플러는 그의 관측자료를 물려받아 근대 천문학의 기초를 다진다. 그는 우화적 기법으로 공상과학소설 『솜니움(달의 천문학)』을 쓴다. 그렇다. 프라하에는 음악과 문학만 있는 것이 아니다. 이처럼 과학의 꿈도 살아 있다.

2006년 8월, 국제천문연맹(IAU)은 이곳에서 열린 총회에서 결의안을 통해 명왕성을 태양계 행성에서 퇴출시켰다. 이후 명왕성=플루토는 '격하, 추락'이라는 뜻이 되었고, '명왕성이 되다=플로토드(plutoed)'는 '망했다, 바보됐다'는 단어로 바뀌었다. 우리 신조어로 '새 됐다'는 뜻이다.

잠깐! 프라하의 중세 풍경과 플로토·플루토드를 절대 겹쳐 읽어서는 안 된다. 이곳의 중세는 새 된 것이 아니다! 지금도 살아있다. 퇴직한 것이 아니라, 아직도 살아있으니 성공한 셈이다. 근대도 그렇다.

중앙 유럽에 있는 체코. 북동쪽은 폴란드에, 북서쪽과 서쪽은 독일에. 남쪽은 오스트리아에, 남동쪽은 슬로바키아에 맞닿아 있다. 하여, 밀썰물에 쓸리는 바닷가처럼 사지에는 온통 식민지배의 손발톱이 할퀸 상처이다. 오랜 세월 오스트리아-헝가리의 지배에 있다가 1918년 체코슬로바키아로 독립. 이후 1938년엔 나치 독일에 합병돼 제2차 세계 대전 종료 시까지 점령당한 채 있었다. 또 전쟁 뒤에는 1945년부터 소련의 위성국이었다가 1993년에 슬로바키아와 평화적으로 분리하여 오늘에 이른다. 그러나 '상처받지 않은 영혼이 어디 있으랴!'

유럽사 속 체코의 정신사란 마치 자투리 천을 깁어서 만든 '조각보'처럼 느껴진다. 카프카든 쿤데라든 그런 정신분열증의 현장을 딛고서, 머릿속에 스쳐 떠오르는 영상을, 자신의 내면에 투사하여 필사해냈을 것이다.

카프카의 소설 『성』 속으로 걷는 골목길

"성에서 멀어지는 것은 아닌데, 그렇다고 도무지 가까워지는 것도 아니다. (…) 아무리 가도 작은 집들과 얼어붙은 유리창문과 눈뿐이고, 사람의 그림자라곤 하나도 보이지 않았다."

카프카의 소설 『성』에서 그려낸 그대로이다.

성은 걸어 들어가 봐도 자꾸만 멀어지는 듯하다. 비투스대성당과 이르지교회를 지나 골목을 따라 가다 보면 금세 길이 끝나고 건물 하나가 턱 막아선다. 그 앞에 나타나는 문. 그것은 닫힘과 열림의 경계이다. 문 너머에 또 다른 세계가 펼쳐진다.

그 전이 이후에 황금소로 22번지, 파랑색집 카프카의 작업실을 보면 좋겠다. 카프카는 평생 프라하에 살았지만 여기에는 잠시 머물렀다. 사람들이 많이 몰린 곳을 찾으면 금방 그곳이 명소임을 안다. 그러나 거기 카프카는 없다. 진정한 것들은 이 세상에 없고 흔적만 남았다. '당신과 세상과의 싸움에서, 세상 편을 들어라'던 카프카. 그는 경계인으로 살면서 정착하지 못하고 떠돌았다. 결국 세상 편이 되어서 떠났다.

혹여나, 블타바 강 옆 카페에서 흑맥주 한잔을 마실 시간이 있다면, 꼭 '거룩, 거룩, 거룩한 주여'를 읊으며, 프라하의 순수하고 아름답고 슬프고 빛나는 역사를 만든 모든 영혼들을 술잔으로 천천히 음미했으면 한다.

꽃보다 루체른,
물과 햇살과 산이 지은 도시

아리따운 '물 · 햇살', 얼짱 보디가드인 '산'이 지은 도시

스위스 최대의 관광 휴양지. 중앙스위스를 대표하는 도시. 루체른의 현관문 중앙역을 나서면 '아 멋져!'라는 탄성이 나올 것이다. 한 마디로 산 좋고 물 좋은 곳. 청명한 기후가 쏙쏙 몸에 와 박힌다.

정면에서 출렁이면서 "어서 오세요!"하며 부드럽게 햇살을 반사하는 루체른 호수. 그리고 백조가 유유히 노니는, 고타드 고개(Gotthard Pass)에서 발원하는 로이스 강.

가까이서 혹은 멀리서 경계의 눈초리인 듯 우두커니 버티고 선 위엄 있는 리기, 필라투스, 티틀리스 등의 알프스 산들. 아리따운 물결과 햇살을 묵묵히 호위하는 얼짱 보디가드들이다.

루체른 주의 루체른(Luzern). 영어로는 루세른(Lucerne). 이곳에 오면, 알프스의 몸매와 속살을 대략 스캔할 수 있다.

일찍이 이곳이 페스트로 수많은 사람들이 쓰러져나가고 소독 냄새로 가득했다니…. 한 마디로 그런 아픈 역사의 흔적은 지금 찾기가 힘들다.

우선 잠시 몇 마디 보태 둔다. 스위스 건국에 관련된 인물 빌헬름 텔 전설의 무대가 되는 곳. 우리나라에서는 그냥 루체른 호(湖)라고 부르나 독일어로는 피어발트슈테터 호(vierwaldstatter see)이다. 슈비츠 주·운터발덴 주·우리 주·루체른 주라는 4개 주의 호수 즉 사주호(四州湖)이다)라는 뜻이다. 오늘 날 운터발덴 주가 2개(니트발덴 주·옵발덴 주)로 분리되어, 실제로 이 호수는 5개 주와 접하고 있다. 호안선의 길이가 자그마치 133km나 된다.

루체른의 맑은 풍광을 만든 것은 호수의 '물'이다. 여기에 금상첨화로 '햇살'이 아름다움을 더한다. 물과 햇살, 이것을 에워싼 알프스의 산은 루체른의 자연미를 연출하는 주연 배우들이다.

시선에 쏘옥 안겨드는 아담한 도시 사이즈는 이곳을 찾는 사람들의 마음을 평온하게 해준다. 그뿐인가. 사뿐사뿐 옮겨가는 사람들의 걸음걸이는 경쾌한 행진곡의 박자 같다.

중앙역을 나서면 일단 호수의 선착장에서 둘러볼 곳의 배 시간표를 미리 챙겨두자. 시내 구경을 다 하고나면 배를 타고 호수와 그 주변을 에워싼 산꼭대기 어딘가로 오르락내리락 해야 한다.

루체른은 일찍이 멘델스 존, 차이코프스키, 괴테와 같은 예술가들의 지적인 시선을 사로잡았다. 물에 비치는 햇살처럼, 사람들은 풍경에 잡혔다가 사라지고…또 어디론가 끊임없이 볼거리를 찾아 떠난다. 다행히 이곳의 볼거리는 중앙역과 구시가지 주변에 옹기종기 몰려 있다.

지붕 덮인 나무다리 까펠교~ 멋스런 무제크 성벽

로이스강의 양쪽 연안을 연결하는 카펠교. 그 오른쪽(북쪽)은 구시가지로 관광객이 북적대며, 왼쪽(남쪽)은 신시가지로 건물이 즐비, 자동차 왕래가 잦다.

유럽 최고(最古)의 지붕 덮인 나무다리이자 이 도시의 심벌인 까펠교. 호수로부터 쳐들어오는 적들을 감시하고 지키는 성벽의 일부이다. 1333년에 완성되었는데, 구시가지 쪽에 예배당 '까펠'이 있었던 데서 유래한 이름이란다. 1993년 화재로 타버렸는데 몇 곳을 보기 좋게 고쳤다. 다리 중간에 서 있는 팔각형 탑은 원래 호수로부터 습격해오는 적을 감시하던 곳이었으나, 저수탑이나 고문장소로도 활용되었단다. 다리의 대들보에는 성인들의 생애와 마을의 역사를 그린 그림이 10매 걸려 있다.

구시가지는 호수와 강, 그리고 무제크 성벽(城壁)이 지켜주는데, 루체른을 적으로부터 지키기 위해 1400년에 완성된 것이다. 스위스에 지금 남아 있는 것으로는 최고이다. 성 위에 오르면 루체른 시가지를 한 눈에 굽어볼 수 있다. 옛 도시의 멋스런 자태가 한 눈에 잡힐 때, 이 순간을 놓치면 안 된다. 찰칵…찰칵 카메라의 셔터를 눌러야! 시적 흥취가 있는 사라이라면 독일의 민족시인 횔덜린의 시 '반평생'이 떠올려도 좋다. "…성벽은 말없이/차갑게 서 있고, 바람 곁에/풍향기는 덜걱거리네."

성벽에서 휴식을 취했다면, 나무다리를 건너 호수를 따라 슬슬 걸어가 보자.

빙하의 흔적…길 잃은 돌들

사람들의 발길은 어느덧 '빈사(瀕死: 거의 죽어가는)의 사자상' 앞에 다다른다. 잠깐…! 그 근처에 빙하(氷河)공원이 있으니, 놓치면 섭섭하다.

잠깐 빙하공원 이야기를 해둔다. 원래 목초지였던 이곳에, 지질학적으로 매우 중요한 빙하 흔적이 발견되어 국립천년기념물로 지정되었단다. 약 2만 년 전에는 루체른이 빙하에 덮혀 있었는데, 그 두께가 자그마치 1000m! 천막으로 보호되는 빙하의 흔적 가운데 한 눈에 띄는 것은 포트홀이다. 빙하에서 녹아나오는 물과 자갈의 흐름이 소용돌이 쳐 직경 8m, 깊이10m나 되는 구덩이를 만들었다. 볼만하다. 고타드 고개로부터, 거대한 얼음덩어리(빙하)와 함께 섞여 운반되었다가 그것이 녹은 뒤 그대로 남아 있는 바윗돌(=漂石)은 길 잃은 돌들이다. 게 중에는 무게가 5톤이나 되는 것도 있단다.

2000만 년 전, 그러니까 아직 알프스의 산이 만들어지기 전에 이곳 루체른 일대는 아열대 해안이라 야자이파리나 조개껍질 화석이 보인다.

'빈사의 사자상' 앞에서, 니체를 떠올리다

큰 바위에 몸을 옆으로 눕힌 사자. 배 옆구리로 창이 찔려 있고 숨이 끊겨 있다. 1792년 프랑스 혁명이 한창이던 던 1792년 8월 15일 파리의 튈르리 궁전에서 루이16세와 마리 앙투아네트 왕비 일가를 경호하다 목숨을 잃은 786명의 용병을 애도하기 위해 만들어진 것이다.

관광이나 정밀기계 등의 산업이 없었던 당시의 스위스. 그 우수성이 널리 알려져 있던 병사는 귀중한 수출품이었다. 가난했던 시절, 독일로 사우디아라비아로 인력을 수출했던 우리나라처럼…. 가슴이 짠해오는 대목이다. 현재 로마의 바티칸 궁전을 호위하고 있는 것이 스위스 병사라니! 스위스 용병의 전통을 확인할 수 있는 대목 아닌가.

빈사의 사자를 조각한 바위는 2천만년전의 해안의 모래가 퇴적하여 만들어진 사암인데, 호프 교회(Hofkirche)의 건축 재료를 잘라낸 채석장 터란다.

철학자 니체는 이곳에서 연인 루 살로메를 만난다. 뭇 남성들을 홀린 그녀를 니체는 로마에서 처음 만나 넋을 잃었던 터다. 하필 여기서, 그가 그녀를 다시 만나고자 한 것은 무엇일까. 빈사의 사자가 바로 자신이었음을 알리려는 것이었을까. '나는 당신에게 헛물을 켜며, 거의 죽어가고 있다'고. '내 마음을 제발 좀 알아 달라!'고. 정말 그랬던 것일까.

리기로…필라투스로…융프라우요흐로 떠나라!

이제 주변의 산들로 떠나면 좋겠다. 리기산 정상에 올라 패러글라이딩도 해보라. 알프스의 산들 가운데 그다지 높지 않으나 알프스의 앞머리로 중요한 산이다. 1871년 이 산에 유럽 최초의 등산철도가 건설되었다. 자신의 발로 혹은 말 안장에 앉아 흔들리면서 산에 오르던 당시 사람들로서 앉아서 산정에 갈 수 있는 것은 꿈 같았으리라.

그리고 가파른 경사를 꾸역꾸역 30여분 오르는, 붉은 색의 등반철도를 타고 필라투스에도 올라보라. 필라투스! 한글 『성서』에 '본디오

빌라도' 등으로 나오는 '폰티우스 필라투스'(Pontius Pilatus)다. 초기 로마 제국 시대 유대지방의 로마 총독으로, 예수 그리스도에게 십자 가형을 언도한 사람. 그의 망령이 각지를 떠돌아다니다가 마침내 이 산에 머물게 되었다는 전설에서 비롯한다. 호수 연안 목초지의 목가 적 풍경과는 달리, 사람을 거부하는 듯한 차가운 바위는 공포스럽다. "차라투스트라가 나이 서른이 되었을 때 그는 그의 고향과 고향의 호 수를 떠나 산 속으로 들어갔다. 그곳에서 그는 자기의 정신과 고독을 즐기며 10년 동안 조금도 지치지 않았다." – 니체『차라투스트라는 이 렇게 말했다』 서설의 언급이다. 니체가 말하는 '산'이 저 필라투스였 을까. 매력 없고 흉측한 산. 거기에 총독 빌라도의 망령 아니면 니체가 말한 초인의 정신적 고독이 숨어있는 듯하다.

아니, 이런 척박함이 또 지겹다면 유럽의 지붕이라 불리는 알프스 의 정상 융프라우요흐로 떠나라. 산악열차를 타고 창밖으로 눈을 돌 려 쳐다보면 그저 산이 아름답지만 않다. 깎아지른 듯한 지형, 척박한 땅. 우리네 정서로서는 어딘지 정겹지만은 않다. 눈이 녹아 흐르는 계 곡엔 물살이 급하고, 강물이 그다지 맑고 푸르지도 않다.

에델바이스, 그 숭고한 스위스인들의 정신

그러나 가만히 '에델바이스'를 들어보라. 「Edelweiss, Edelweiss ...Small and white, clean and bright...Blossom of snow...Bless my homeland forever(에델바이스, 에델바이스...아담하고 희며, 깨끗하고 밝게...눈 속의 꽃아...우리나라를 영원히 지켜다오)」. '고귀한 흰빛'이 란 뜻의 '에델바이스'는 스위스를 상징하는 꽃이다. 척박한 땅을 고귀한 영토로 만든 그들의 숭고한 손이, 눈가에 꽃처럼 떠오른다.

　빵을 꽂은 가늘고 긴 포크를, 뜨끈뜨끈 한 치즈 그릇 속에 요리조리 저어 돌돌 말아 입에 넣는 '치즈 퐁듀'. 낙농 국가 스위스의 산악지방 겨울철 요리이다. 그 짭짤한 맛처럼, 발 딛는 곳마다 스위스인들의 땀방울이 느껴지는 알프스의 길들, 철로들은 경이롭다.

　루체른의 로이스 강가에 앉아 스위스제 '아미 나이프'(맥가이버 칼)의 의미를 곱씹는다. '에델바이스' 노래 끝이, 마치 「하느님이 보우하사 우리 나라만세」와 다를 바 없듯, 적도 동지도 없는 영구중립국 스위스의 밑바닥엔 '자기수호'의 정신이, 투명한 로이스 강물처럼 흐르고 있다.

베네치아, 바람난 물결,
그 겉멋 출렁이는 도시

'고절'과 '고요' 저 반대편으로

모든 소리는 가물가물 멀어지고, 눈꺼풀 속에 갇힌 눈알의 검푸른 고요. 간간이 스치는 황금빛 자락들, 붉은 복숭아 꽃잎 넘실대는 평온을 느끼는 「몽유도원도(夢遊桃園圖)」.

세종의 셋째 아들인 안평대군이 무릉도원을 찾는 꿈을 꾸고, 그 내용을 안견(安堅)에게 설명한 뒤 그리게 했다. 안견이 꿈에 거닐던 도원 속, 아련한 풍경 묘사에는 사람의 자취가 없다. 「죽림과 기와집...집은 사립문이 반쯤 배시시 열려 있었고...앞개울에는 작은 배 한척이 물살에 흔들흔들. 집은 인기척 뚝 끊겨 쓸쓸한데...」 아, 아름답고 슬픈 '고절'(孤絶) 아닌가. 사실 이런 고절의 존재방식에서는 배마저도 차 버려야 했다. 애당초 신발도, 옷과 나라는 꺼풀마저도.

고요와 고절의 저 건너편에 이탈리아의 베네치아가 있다. 거기는 번잡하고, 시끄럽고, 천지가 출렁이고 흔들리는 땅이다.

물결…뜬금없이 아려오는 아픔, 베네치아

그런데, 정작 출렁이는 것들은 모두 눈물겹다. 누군가 아무리 "비단 물결 꽃물결이 넘실대는 뱃머리"라고 기타 치며 노래한다 해도, 뜬 금없이 아려오는 아픔이 있다. 상촌 신흠은 "오동나무는 천년을 묵어도 제 곡조를 간직하고(桐千年老恒藏曲)…"라고 했지만 베네치아에 오면 "물결은 천년을 흔들려도 제 곡조를 간직하고…"라고 바꾸고 싶어진다.

물결을 바라보노라면 스스로를 사랑하는 저 동성애적 고독한 흔들림. 참 애잔하다. 영화 「베니스에서의 죽음」에서 듣는, 교향곡 제5번 4악장 아다지에토의 선율처럼. 그래, 참을 수 없는 아픔과 슬픔이 베네치아에 있다. "소년이 허리에서 손을 떼어 바깥 바다를 향해 손짓을 해보이고 그 광막한 약속의 바다 안으로 자기가 앞서 둥실둥실 떠가는 것 같았다." 토마스만의 소설 『베니스에서의 죽음』 그 마지막 대목의 대사처럼. 미소년의 손짓 같은 물결을 따라 이곳저곳 기웃대며, 온통 출렁대는 하나의 물결 그물망 속에서, 내가 왜 여기까지 와 있을까 하고 그저 묻는다. 곤돌라는 어중간, 그 멍 때림 속에서 흘렸다 풀려났다 하며 건들댄다. 베네치아에는 무언가 이런 참을 수 없는 슬픔과 아픔이 있다.

끊임없이 허공으로 솟구쳤다 수면에 떨어지고, 다시 거듭거듭 파문이 파문을 짓밟는, 로마의 트레비 분수 물줄기에서도 그랬다. 천번만번 썼다가 지우고, 지웠다가 다시 써대는 허상 때문이었다. 어쩌면 그것은 착시이거나 착각일지도 모른다. 하지만 로마제국 제16대 황제 마르쿠스 아우렐리우스가 "무한한 시간 속에 한 인간이 차지하는 인생이란 순간에 불과하며…육체에 속한 모든 것은 굽이치는 물결"이라고 명상했듯, 분명 모든 육신은 허상이다. 인간은 머물 항구가 없고, 시간은 쉴 기슭이 없다 했다. 허망이다. 세계가 그렇다. 그냥 "모든 것들은 겉멋!"이라 해두자. 이런 겉멋들의 춤들을 적나라하게 만나려면, 당장 베네치아로 떠나라!

바람기, 찰랑찰랑 출렁출렁 '얼쑤!'

눈만 뜨면, 처처(處處) 물결의 땅 베네치아(Venezia). 영어 이름은 '베니스(Venice)', 이탈리아 북부 아드리아 해 북쪽 해안의 항구 도시다. 한때 지중해 전역에 세력을 떨쳤던 해상공화국의 요지. 원래 강 하구의 모래톱이 가둔 개펄에 나무말뚝을 촘촘히 박고 그 위에 건물을 짓기도 하면서 현재와 같은 수상도시를 만들어왔단다. 소운하와 대운하가 서로 이어지는데, 스프링 제본한 책처럼 다리는 낱낱의 풍경을 하나로 꽉 엮어준다. 운하와 건축과 예술이 협연하여 독특한 낭만적 풍광을 만든다. 모두가 관광자원이다.

도시에 활기를 불어넣는 주연급 배우는 역시 곤돌라! 116개의 섬들이 409개의 다리로 연결되어 마치 미로 같은 운하 그 구석구석을 떠돌며 "어휴!" 관광객들의 바람기를 부추긴다. 수많은 인물들이 이곳을 거쳐 가며 바람을 피웠다. 그 가운데, 배다른 여동생부터 유부녀, 처녀 안 가리고 200명과 바람피운 영국의 계관시인 바이런도 베네치아에서 한 끼를 발산하였다. 조르주 상드도 연하의 연인인 시인 뮈세와 사랑했고, 쇼펜하우어도 현지의 여인들과 자유분망한 나날을 보내며 모두들 '뮤즈의 맏아들' 노릇을 하였다. 각기 다른 관점에서 각자의 감성으로 베네치아를 온몸으로 풀어냈다. 그만큼 베네치아는 수많은 사랑을 기억하고 있다. 아니 썼다가 지우고, 지웠다가 다시 써낼 것을 닦달하고 있다.

괴테는 「베니스 경구」에서 읊었다. "이 곤돌라를 나는 조용히 흔들어 주는 요람에 비교하는데/그 위의 궤는 넓은 관과 같다./정말 그렇다! 요람과 관 사이를 건들건들 오가며, 둥둥 떠/중앙 운하 위에서 우리는 근심 없이 생을 관통해 나간다"고. 요람과 관 사이를 오가는 건, 바로 물결 자신이지만 물결에 한 통속이 되어 있는 건 인간 자신이다.

물론 수상보트도 있다. 또 시민의 발이 되는 수상버스 '바포레토'도 있으니 이곳저곳으로 유랑해 보라. 베니스 영화제가 열리는 휴양 섬 '리도'로, 레이스 공예의 최고 생산지 '부라노' 섬으로, 아름다운 유리 공예품의 '무라노' 섬으로!

물결 바람기가 살짝 가면(假面)을 쓰면 어떻게 될까. 거기엔 삶과 죽음, 아름다움과 추함, 과와 불급, 사랑과 미움, 부유함과 가난함…. 온갖 것들이 뒤죽박죽 뒤섞여 한 편의 영화를 만들어 간다. 축제라고나 할까. 베니스에서 열리는 〈가면 축제〉, 〈베니스 영화제〉가 여기서 열리는 것은 우연이 아니다. 베네치아의 민낯은 차라리 가면이거나 영화 자체라 해도 좋겠다.

유랑자들의 정박지, 그 탁월한 예술적 '장치'

니체도 베네치아에 왔다. 산마르코 광장 가까이에 묶으면서 밖에서

커피를 마시고 음악을 듣곤 했다. 깃발은 화려하게 나부끼고, 산마르
코 사원의 비둘기는 평화롭게 주변으로 날 때 그는 그런 순간에도 쉼
없이 일렁이는 물결을 바라보았을 것이다. 밤이 되어서 그는 어느 다
리에선가 우두커니 어두워가는 대운하를 쳐다보며 서 있었을 것이다.
'베네치아'(1888)라는 시에서 읊는다. "다갈 색으로 물든 그날 밤/나
는 다리에 우두커니 서 있었네/멀리서 노랫소리 들려오고/그 소리는
황금빛 불방울이 되어/찰랑이는 수면 위로 멀어져 갔네./곤돌라, 빛,
음악-/취하여 어둠 속에 묻히고 있었네."

　항구는 마도로스들의 정류장이자 유랑자들의 임시 정박지다. 일찍
이 네덜란드 로테르담의 현자인 에라스무스는 1507년 말 베네치아에
온다. 책벌레인 에라스무스는 코스모폴리타니즘이란 휴머니즘의 숙
명을 짊어지고 유럽을 떠돌던 그. 이곳 서재의 한 모퉁이에서 책을 쓰
고 편지를 썼다.

　영혼이 자유로운 사람들은 베네치아에 머물며 울타리 없이, 자신을
가두지 않고 바람기를 풀어냈다. 베네치아는 삶의 정박지이자 자유사
상의 온실이며, 그 자체로 하나의 탁월한 예술적 '장치'이다. 그럴수록
알 수 없이 흔들리는, 낭만으로 울렁대는 울렁증을 앓는 도시, 베네치
아가 무척 그립다. 그리움은 무죄다!

암스테르담,
자유와 관용을 만나다

평지가 펼쳐지고, 원근법, 소실점(消失點)···

보수꼴통, 흑백논리, 밀어붙이기, 끈끈한 패거리 문화, 차별··· 뭐 이런 어휘에 지긋지긋 넌더리가 났다면 훌쩍 네덜란드의 암스테르담으로 떠나보는 것도 좋다.

우선 네덜란드 이야기부터 시작하자. 평지가 펼쳐지고, 원근법, 소실점(消失點)···. 옛날 책에서나 배웠던 말들이 절로 떠오르는 곳. 몬드리안, 에셔의 그림에서 만날 법한 기하학적 풍경이 펼쳐지는 나라, 네덜란드. 네덜란드란 말은 바다보다 '낮은'(nether) '땅'(land)이란 뜻이다. 그래서 이 나라에는 물을 막는 제방(둑)과 낮은 땅의 물을 퍼내는 풍차가 많다. 질퍽이는 험한 땅을 걸어 다니며 작업을 해야 하니 튼튼한 나무 신발인 나막신도 발달하였다. 한국의 경상도만 한 땅의 65% 이상이 저지대, 25%는 간척지이다. 만일 쌓아놓은 제방이 다 무너지면 네덜란드는 60%가 물에 잠긴단다.

네덜란드는 바닷물, 강물의 침범으로부터 싸워오면서 '제방-풍차-나막신'을 국가 브랜드 상품으로 만들었다. 게다가 '치즈-튤립' 또한 특산물의 반열에 이름을 올렸다. 어느 하나 네덜란드 고유의 것이 아니다. 모두 타지에서 굴러들어와 국적을 얻었다.

'암스테르'(Amster) 강 하구 가까운 평지에 만든 '댐'(dam)

네덜란드의 수도 암스테르담은 경제로, 덴하그(헤이그)는 정치로, 레이덴은 교육으로 한 몫을 한다. 암스테르담은, 런던-파리-프랑크푸르트공항에 이어 유럽의 주요 관문 역할을 하는 스키폴공항에서 15km정도 떨어져 있다. 13세기 '암스테르'(Amster) 강 하구 가까운 평지에 '댐'(dam)을 만들고 사람들이 살기 시작한 뒤 생긴 이름 '암스테르담'. 160여개의 운하에다 1,500개 이상의 다리로 지탱되는 '물의 도시'이다. 그러니 '지자요수'(知者樂水) - "지혜로운 자는 물을 좋아한다"는 말이 동양권에서 보다 사실 여기서 더 실감 난다.

암스테르담, 나아가서 네덜란드가 변화에 잘 적응하고 수평-평등-관용-자유의 정신을 자랑하는 것은 바로 '물'과 친하며 살아 온 덕택이다. 왜냐면, 해상운송 즉 해운(海運)으로 살아야 할 장사꾼들의 철학을 만들었기 때문이다. 이념보다는 실리, 대립·충돌보다는 타협·공생, 권위보다는 자유와 개방, 독단·고집보다는 양립·관용을 택해야 살아남을 수 있다.

'더불어 함께' 살아가야하는 역사: '자유'와 '관용'

16세기 네덜란드가 스페인의 손아귀에서 벗어날 때쯤, 암스테르담에는 해운이 번성하여 무역항으로서 자리를 잡는다. 이어서 17세기 황금기에는 동인도 회사의 본거지로 세계무역의 중심이 된다. 다양한 물건을 유통 · 교환하면서 공생해야 하니 장사꾼들은 변화에 귀 기울이며, 상대방의 차이를 인정하고 존중하며, 타협하면서 윈윈해야 했다. 이곳에서 저곳으로 옮기고, 이것과 저것을 중개-매개하는 정신은 필수적이다. '더불어 함께' 살아가야하는 암스테르담은 서서히 자유의 도시라는 면모를 갖추기 시작하였다.

이렇게 상업이 번성하고 종교적, 사상적 자유가 있었던 암스테르담, 아니 나아가서 네덜란드는 핍박받는 자들에게 안식처이자 유토피아처럼 보였다. '나는 생각한다, 고로 나는 존재한다'라는 말로 유명한 프랑스의 철학자 데카르트. 그는 종교 박해를 피해 네덜란드로 와 20년간 은둔하며 저술에 올인하였다. 프랑스 철학자 피에르 벨도 당시 프랑스의 신교도 박해를 피해 네덜란드로 망명해왔고, 영국의 철학자 존 로크 또한 당시 영국의 폭정을 피해 네덜란드로 일시 망명했다. 이처럼, 유럽의 각처에서 종교나 정치적으로 박해받는 사람들을 받아들이면서 '자유'와 '관용'의 정신을 다졌다.

"이처럼 번성하는 도시 안에서 모든 인종과 여러 종파의 사람들이 완전한 조화를 이루며 살아가고 있다"– 스피노자

일찍이 스피노자는 『신학 · 정치론』에서 암스테르담의 번영과 자유를 이렇게 말했다. "사상과 양심, 그리고 판단의 자유로부터 그 어떤 불편도 발생하지 않으며, 구성원의 견해가 명백하게 충돌하는 경우라도 서로에게 해를 끼치지 않도록 용이하게 억제 될 수 있으며, 자유의 결실로 상당한 번영을 누리고 있는 암스테르담 시. 이처럼 번성하는 도시 안에서 모든 인종과 여러 종파의 사람들이 완전한 조화를 이루며 살아가고 있다. 자신의 상품을 동료 시민에게 외상으로 넘길 때도 그 시민이 가난한지 부자인지 그리고 거래에서 정직하게 행동하는지 그렇지 않은지 어떤 질문도 하지 않는다. 거래 상대방의 종교와 종파에 대해서는 아무도 중요하게 생각하지 않는다. 그것은 재판관 앞에서 자신의 변호가 설득력이 있으냐에 어떤 영향도 미치지 않기 때문이다." 스피노자는 암스테르담 나아가서 네덜란드의 경제 번영은 '자유'에서 말미암았다고. 그것은 바로 사상의 자유, 종교의 자유라고! 그래서 '자유와 번영' '모든 민족, 모든 종파가 공존'한다고 자랑한다.

네덜란드를 대표하는 사상가 스피노자. "내일 지구가 멸망하더라도 오늘 한 그루 사과나무를 심겠다"던 그는 암스테르담에서 유태인 상인의 아들로 태어난 그는 자유주의 사상 때문에 유태 교회에서 파문당한다. 그 뒤 덴하그에 은둔하며 고독하게 망원경, 현미경의 렌즈를 연마하면서 생계를 꾸려갔다. 하이델베르크대학의 교수직 제안마저 거절하며 그가 고독 속에서 평생 넓혀갔던 것은 '신'이 아니었다. 세계 자체를 향한 자유로운 '전망'이었다. 그를 움직였던 것은 교수직과 같은 '지위에 대한 희망'이 아니라 오로지 '평안에 대한 사랑'이었다.

"나의 조국은 네덜란드가 아니라 세계!"라고 했던 에라스무스

이러한 '자유'와 '관용'의 정신을 잘 보여주는 네덜란드 사상가 한 사람을 더 떠올린다. "나의 조국은 네덜란드가 아니라 세계!"라고 했던 에라스무스이다.

암스테르담 중앙역에 내려, 뚜벅뚜벅 10분 남짓 걸으면 닿는 담 광장. 비둘기떼 구구대며 날다가 앉고, 앉았다 다시 자리를 뜰 때, 함께 어디로 향해도 좋다. 반고흐 국립 미술관이든 안네프랑크의 집이든 램브란트의 집이든 아니면 꽃 시장이든 홍등가이든. 그러나 꼭 잊지 말아야 할 것이 있다. 이 사회에서는 매춘과 마약, 동성애와 존엄사가 허용된다. 관용이다. 그러나 별 탈 없이 잘 굴러가고 있다! 그렇다. 암스테르담에서 느낄 것은 물을 다스리는 지혜 아닐까. 결국 사람의 욕망도 하나의 물결. 그 고삐를 밀땅하는 힘도 관용과 자유에서 나온다.

4

'고전'과 '개성'의 사이에서

우리는 왜,
공부하는가?

나도 모르는, 수상한, 나의 인생

가만히 생각해보면 그렇다. 나는 나 자신에 대해서 아는 것보다 모르는 것이 더 많다. 괜히 딴지 거는 것 같지만, 그렇지 않다. 한 번 물어보라! 나는 어디서 와서, 어디로 가는가? 실제 아무 것도 아는 게 없다. 이렇게 모르면서도 왜 나는 늘 내일이 있는 것처럼 즐거워하고 기뻐하는가? 아니 할 일도 없이 빈둥대고만 있는가? 정말 모든 게 이상하다.

삶에 가득 찬 허약함과 불확실함에 대해 파스칼(1623-1662)은 『팡세』에서 이렇게 말한다.

"나는 누가 나를 이 세상에 내보냈는지, 세상이 무엇인지, 나 자신이 무엇인지도 잘 모른다. 모든 사물에 대해 무서우리만큼 무지하다. 내

육체가 무엇인지, 내 생각, 내 영혼, 심지어는 내가 말하는 것을 생각하는 나 자신의 자기라는 그 부분까지도 모른다. 모든 것에 대해, 자기 자신에 대해 생각하는 자기, 그러나 다른 모든 것들에 대해서와 마찬가지로 자신에 대해서도 별로 아는 것이 없는 자기. 나는 나를 휩싸고 있는 이 끔찍한 전체라는 우주공간을 보면서 내가 여기 왜 앉아 있는지, 왜 다른 곳에 있지 않은지, 내게 주어진 삶은 왜 짧은 시간인지, 벌써 지나가버렸고 또 앞으로 오는 전체 영원 가운데 하필 왜 이 순간에 있고 다른 순간에 있지 않은지 모르는 채, 이 넓은 세계 공간의 한 구석에 묶여 있다."

"내가 아는 모든 것은 내가 언젠가 죽을 수밖에 없으리라는 것이다. 그러나 내가 가장 적게 알고 있는 것은 내가 피할 수 없는 것이 바로 이 죽음이라는 것이다. 내가 어디서 왔는지 나는 모르며, 내가 어디로 가는지도 모른다. 다만 내가 아는 것은 이 세상을 떠날 때 무로 가든지, 진노한 신의 두 손에 떨어지든지 둘 중 하나일 것이라는 점이다. 이 두 가지 가능성 중의 어느 것이 내 몫이 될지도 나는 모른다. 이렇듯 허약함과 불확실함으로 가득한 것이 나의 상황이다."

그러나 여기서 끝난 것도 아니다. 인간의 내면은 또 얼마나 복잡한가? 이렇게 당돌하게 물어보고 싶어진다. 인간, 너는 누구인가?

인간, 너는 누구냐?

우리 의식의 저면은 항상 어둡고, 더럽고, 지저분하다. 늘 순종과 반항, 선함과 잔인함, 신성과 악마성, 이성과 비이성, 창조·질서와 파

괴·혼돈으로 표리부동. 뭐 이런 이중, 삼중의

　다양한 의지와 욕망을 숨기고 살아가고 있는 게 바로 우리 아닌가.

　따지고 보면 에라스무스가 『바보 예찬』에서 이야기 했듯이, 인간
은 이성보다도 오히려 어리석음(이것을 '바보' 혹은 '우신'(愚神: 어리
석은 신)이라 한다)가 이 세상을 이끌어가는 거다. 그래, 이성은 바보
=어리석음의 손아귀에 꽉 붙들려 있는 덜러리이다. 도스토엡스키의
『지하생활자의 수기』에서는 이 점을 콕 찍어내고 있다.

　　'나는 병적인 인간이다…나는 심술궂은 인간이다…실은 내가 무엇
　을 원하고 있었는지, 그걸 너는 알겠나? 다름 아니라, 너 같은 건 세상
　에서 없어져 버리라는 것이다! 나에겐 안정이라는 것이 필요해. 나는
　타인으로부터 괴로움을 받지 않기 위해서라면 당장에라도 온 세계를
　단돈 1코페이카에 팔아버리겠다. 세계가 파멸하는 것과 내가 차를 마
　시지 못하게 되는 것과 어느 쪽이 큰일인가! 설사 온 세계가 파멸해 버
　린대도 상관없지만, 나는 언제나 차를 마시고 싶을 때 마셔야 한다. 이
　걸 너는 알고 있었나, 어때? 그래서 나는 더럽고 비열한 인간이고 게을
　러빠진 이기주의자라는 걸 나 자신 잘 알고 있어."

　온 세계가 파멸한다 해도, 늘 마셔오던 차를 마실 수 있다면, 그것
으로 됐다는 이기주의자, 인간. 그러니, 고상한 척 하지 말자!

　그렇다. 인간은 늘 선악의 갈림길에 서 있다. 천당과 지옥의, 갈림길
(삼거리, 사거리 길)에 서서 헤맨다. 한 눈을 팔면 곧장 악으로, 지옥
으로 떨어진다. 진리가 무엇인지 모르고 이리 갈까 저리 갈까 헤매고
있다. 이것을 두고 여말선초의 유학자 양촌(陽村) 권근(權近. 1352-

1409)은 젊은 학생들을 위한 유교의 입문서 『입학도설(入學圖說)』에
서 다음의 그림으로 묘사한다.

성찰하며 살아야 하는 인간

그래서 발타자르 그라시안(1601-1658) 같은 사람은 『지혜의 서』에
서 말한다.

"자신의 성격, 재능, 판단력을 파악하고 감정을 장악해야 한다. 자신
을 제대로 알지 못하면 자기 자신을 지배할 수 없다. 얼굴을 비추는 거
울은 매우 많지만 마음을 보여주는 거울은 오직 자기 성찰뿐이다. 외모
에는 신경 쓰지 못하더라도 내면의 모습은 끊임없이 꾸미고 개선하라.
매사를 지혜롭게 처리하려면 자신의 지식과 재능을 헤아릴 줄 알아야
한다. 도전에 임할 때는 자신의 재능과 생각의 깊이를 잘 파악해서 어
떻게 도전에 대응할지 판단하라."

마찬가지로 마르쿠스 아우렐리우스(121-180)는『명상록』에서 말한다.

"다른 사람이 무슨 생각을 하고 있는가에 대해 무관심하다고 해서 불행해지지 않는다. 그러나 자신의 마음속 움직임에 주의를 기울이지 않는 사람은 반드시 불행해진다."

남명(南冥) 조식(曺植. 1501-1572)의 문인 덕계(德溪) 오건(吳健)이란 사람은 스승 남명을 찾아가『중용』에 대해 배움을 청하기 전에 그것(『중용』)을 3천 번 읽었다고 한다.

아, 한번 생각해보라! 3천 번을 읽는 동안 수 없이 가슴 속에 썼다가 지웠고 지웠다가 쓰는 그 마음의 벌판을 생각해보자. 그 들판 위에 명멸해가고 각인되고 다시 스러지는 무량무량한 글자들을.

3천번은 별로 많은 것도 아니다. 사실 조선시대 선비 중에는 어떤 글을 5만 번 씩 읽은 사람도 있다. 공부 좀 하는 선비라면 사서삼경 같은 필독서는 보통 기본적으로 몇 백 번씩은 읽었다.

읽는다는 것은 경전을 거울로 스스로를 성찰하는 것이다. 읽으면서 자신을 되새기고, 스스로가 껴안은 문제를 수학문제를 풀듯이 백 번, 천 번 되뇌이며 풀고 있는 것이다.

어디 인간 사회가 만만하던가? 호락호락하던가? 억장이 무너지고 핏대가 오르면서도 사람 사이에서 어울려 살아가야 한다. 그런 마음가짐의 공부, 원만한 문제해결의 시뮬레이션을 평소 수 없이 해대야 하는 것이다.

어차피 사람들 속에서 살아야

야간 비행을 하던 생텍쥐페리(1900-1944)는 아르헨티나로 날았던 날 첫날밤의 인상을 『인간의 대지』 서문에서 회고하고 있다. 캄캄한 밤, 지상에 반짝이는 불빛들을 쳐다보며, 그 하나하나가 모두 인간의 생각을 놓치지 않고 있는 '의식'이라고, 그는 비행조종사로서, 하늘 위에서, 비로소 깨닫는다.

"들 여기저기에 드문드문, 등불만이 별 모양 깜박이던 캄캄한 밤. 그 하나하나가, 이 어둠의 대양 속에도 인간의 의식이라는 기적이 깃들이고 있음을 알려 주고 있었다. …띄엄띄엄 이들의 불은, 저마다의 양식(糧食)을 찾아 들에 반짝이고 있었다."

그렇다. 유교(儒教)는 우리 마음 속에 간직한 도덕성의 작은 불빛-빛살을 큰 등불로 살려가라고 한다, 그 불빛-빛살을 명덕(明德: 밝은 덕)이라고 한다. 인간 마음속에서 빛나는 불빛-빛살이다. 유교는 불빛-빛살 같은 도덕성이 인간의 내면에 자리해 있다고 낙관한다.

그러나 이 빛을 밝히는 목적은 거창한 것이 아니다. 이 세상에서 인간이 되어(爲人) 인간 '노릇(=몫-값-깜냥)을 하며 사는 것이다. 인간 노릇이란 다름 아니라 사회 속의 여러 인간관계의 매뉴얼을 익히는 것이다. 생텍쥐페리는 『인간의 대지』 서문 말미에서 다시 말한다.

"아주 얌전한, 시인의, 교원의, 목수의 등불까지도. 그러나 이 살아 있는 별들 중에는, 또한 얼마나 숱한 닫혀진 창문들이며, 꺼진 별들이며,

잠든 사람들이 끼어 있을 것인가….

필요한 것은 서로 맺어지도록 노력하는 일이다. 들에 띄엄띄엄 타오
르고 있는 이 불들의 그 어느 것들과 마음이 통하도록 해보아야 될 일
이다."

즉, '서로 맺어져'서, '띄엄띄엄 타오르고 있는' '불들의 그 어느 것들
과 마음이 통하도록' 하는 일이 중요하다. 이것은 바로 관계맺음의 행
위 아닌가! 유교에서 본다면 '오륜(五倫)'의 매뉴얼을 신체화 하는 것
이다. 신체화 하는 데에는 다른 나무를 접붙여서 두 나무가 하나가 되
도록 하는 일처럼 고통이 뒤따른다.

율곡(栗谷) 이이(李珥. 1536-1584)는 『격몽요결(擊蒙要訣)』의
「서」에서 말한다.

"사람이 이 세상에 태어나서 학문과 공부를 하지 않으면 사람다운
사람이 될 수 없다. 이른바 학문이라는 것은 이상하고 별다른 것이 아
니다. 인간 살아가는 여러 복잡한 관계들(=오륜)의 마땅함을 터득하고
그것을 실천하는 것이다. 마음을 현묘한 데로 치달리게 해서 신기한 효
과를 바라는 것이 아니다."

율곡 이이의 『격몽요결』은 한마디로 '어둠'에서 '빛'으로의 기획이
었다. 이 기획은 율곡이 처음이 아니다. 몸과 마음의 묵은 때를 빼고
대명천지의 빛살처럼, 내면의 도덕성의 불씨를 살려, 훤하게 세상을
밝히는 것은 유교나 불교나 대부분의 경전에서 일반적으로 하는 이야
기이다.

생텍쥐페리는 『인간의 대지』 가운데서 "인생의 진리는 증명되어지는 것이 아니다. 다른 땅에서가 아니고 이 땅에서 오렌지나무들이 튼튼한 뿌리를 뻗어 풍성한 열매를 맺게 되면, 이 땅이 바로 오렌지나무들의 진리이다."라고 말했듯이, 이 땅에서 희망을 이야기 하고, 파랑새를 생각하는 일이다. 메시아를 우리 안에서 구했지 우리 밖에서 구하지 않았다.

공부를 하는 이유

왜 우리는 공부를 하는가? 진리를 찾는 것은 무엇을 하겠다는 것인가? 해 저문 날 빈 손, 빈 그릇 들고 돌아가는 연습을 하는 것이리라. 떡은커녕 김칫국물도 없이, 텅 빈 그릇, 빈 손바닥을 들고 아무 원망 없이 돌아서는 연습, 그것을 아무 섭섭함 없이 받아들이는 연습을 하는 것이다. 공부를 하는 이유는 나를 이해하는 것이고, 나를 알아가는 것이다.

인생의 대선배들이 남긴 고전 속에는 새로운 발상법, 탁월한 삶의 매뉴얼과 기법, 지혜들이 숨은그림찾기나 보물찾기에서처럼, 잘 안보이게 꽁꽁 숨겨져 있다. 문득 어느 날 그런 것들이, 눈에 보이고, 귀에 들리고, 손에 만져지게 된다. 앎의 문이 열리고, 빗장이 풀린다는 말이다. 거기에 '힐링'과 '치유'가 들어있다.

『장자(莊子)』,
절대행복에 소요하는 기술을 얻는 책

중국문화의 대표서

『장자』는 중국문화를 만든 훌륭한 책이며, 중국문화를 대표한다. 이 책에 담긴 무(無) 등의 개념에 의해 초기 중국불교가 번역되고, 나아가서는 중국 '선종(禪宗)'을 싹틔우는 사상적 배경이 된다.

당나라 현종(玄宗) 황제는 장자(莊子)에게 남화진인(南華眞人)이란 호를 내리고 『장자(莊子)』를 『남화진경(南華眞經)』으로 불렀다. 그만큼 국가 차원에서 인정받는 인물이 된다. 이후 현재까지 『장자(莊子)』는 중국적 사유를 대표하는 책으로 빛을 발한다.

『장자』는 한 사람의 저작이 아니다. 여러 사람이 만든 '집단공동저작'이다. 우리가 흔히 보는 『장자(莊子)』는 장자라는 인물의 글로 알려진 〈내편 7편〉에다 후학과 그 학파들이 보탠 〈외편 15편〉과 〈잡편 11편〉이 붙어있다. 이렇게 33편으로 본문을 정리하고 주를 단 것이 4

세기 진(晉)나라의 곽상(郭象)이다. 이것을 보통 곽상본 『장자』라고
한다. 물론 곽상이 정리한 『장자』이전에 52편본의 『장자』가 있었다는
기록도 있다. 따라서 곽상본은 이 원본의 3분의 2를 채택한 것으로, 현
존하는 가장 완전한 판본이라 할 수 있다.

　『장자』의 주인공 장자(莊子)는 맹자 당시의 성이 '장(莊)' 이름이 주
(周). 자(子)는 선생의 의미이다. '장(莊) 선생'은 송(宋)나라 몽(蒙)
지역 [지금의 하남성(河南省) 상구시(商邱市)] 출신이다. 장자는 양
(梁)나라 혜왕(惠王), 제(齊)나라 선왕(宣王)이 있던 시절이니 맹자
(孟子)와 거의 동시대 인물인 셈이다.

'웃으며 살라!'는『장자』

　장자는 조직과 체제보다도 개인의 평화와 자유, 자연과 생명, 그리
고 주어진 운명을 사랑하라고 조언한다. 바깥을 바꾸기보다도 내면의
절대자유를 찾아, 소요하며, 웃는 여유 속에서 살라고 한다. 『장자』의
'구라', '수다'를 따라가다 보면 우리는 우리 자신이 쳐놓은 언어적 울
타리, 가치와 판단, 해석의 틀=형식=벽=얼굴이 얼마나 근거 없고 허
망한가를 깨닫는다. 딱딱하고 차가운 벽을 허물고, 근엄하고 굳은 얼
굴을 지우고 자유자재로 넘어서서 그 이전의 혼돈-무의 세계에서 소
요하라고고 한다.

　'영원'의 시점에서 몸과 마음, 사물과 사태를 성찰하면, 삶과 죽음,
높고 낮음, 길고 짧음, 크고 작음 등등 우리가 쳐놓은 수많은 선(線)과
눈금들이 얼마나 취약하고, 인위적이며, 일시적인 것인지를 깨닫게 된
다. 그런 표시, 설계, 기획들이 우리 눈앞에서 금새 허물어거나 지워져

버리는, 보잘 것 없는 모래성이고 물거품이며 환상임을 자각한다.

"사람이 태어나면 근심도 함께 한다. 오래 산다 해본들 정신은 그저 흐리멍텅. 허구한 날 근심하며 죽지 않고 있는 것일 뿐. 이 얼마나 그것이 고달픈 일인가?(人之生也, 與憂俱生, 壽者惛惛, 久憂不死, 何苦也). 살아있다는 것은 근심, 걱정, 불안, 우려, 염려(Sorge)에 절어 지낸다는 것. 그래서 우수와 우울로 가득하다. 살아있지만 거의 죽음에 발 담그고 있어, 살아 있지만 살아있는 것이 아니다. 그래, 어차피 피할 수 없으니 즐기며, 함께 '웃자!' 죽음, 고난을 두려워 말고, 우리가 생겨나지 이전의 저 '혼돈=무'라는 고향땅을 쳐다보며, 잠시 소풍 나온 기분으로, 넉넉하고 자유롭고 즐겁게 살아가라고 장자는 권유한다.

장자는 세상의 부귀는 결국 권력자의 엉덩이에 난 치질을 빨아내는 것과 같은 정신의 굴욕과 추악을 얻는 하찮은 일로 여긴다. 부귀, 권력보다는 자신의 세계, 그것이 비록 진흙탕 속이라 하더라고, 거기서 말 없이 티 없이 자유를 만끽하며 살아가라고 한다.

나의 '때, 얼룩, 그늘'을 넘어서기=망아(忘我)

『장자』는 '나를 잊어라(忘我)!'고 한다. 그래서 '혼돈(카오스)'-'무(無)' 즉 모든 것이 생겨나기 이전으로 시선을 돌려보라고 한다. 무엇이 있는가? 아무 것도 없다. '없다'는 이 생각조차도 없는 시공간으로 돌아가 보라고 한다. 그러나 잘 생각해 보라. 우주도, 인간도, 생각도, 개념도, 근거도 그것이 생겨나기 이전(=원초)이 있다는 것을. 모든 것이 시작하기 그 이 전의, 아무 것도 없음-'무(無)'가 있기 마련임을. '근거!' '토대!' 하지만, 그 근거-토대를 찾아 내려가다 보면 결국 아무 것도 없는 밑바닥의 절대무를 만난다. 장자는 말한다. 「갑자기 '무(無)'가 있었다(俄而無有矣)」.

중국 송대 도원(道源)이 지은 『경덕전등록(景德傳燈錄)』에서 말하는 '부모미생이전(父母未生以前)의 너(汝)'라는 발상도 바로 이 『장자』에서 나왔다. 그래서 오경웅(吳經熊)은 『선(禪)의 황금시대』에서 말한다. 중국에서 새로 태어난 불교, 즉 '비범한' 아이인 선(禪)은, '그 애비인 불교보다도 에미인 도가사상을 더 닮았다'고.

언어로 무언가를 표현하고, 생각한다는 것은 모두 나의 욕망과 의지를 드러내는 행위이다. 언어도 생각도 모두 나의 '때-얼룩'이고 '그늘'이다. 언어를 세계에 들이대면 세계는 나의 '때-얼룩-그늘'으로 '있는 그대로의 모습'(=혼돈=무(無))은 사라지고 만다. 혼돈은 '이것도 저것도 아닌' 결국 '그게 그거다', '될 대로 되라'는 삶의 방식을 말해준다. 그럼 그가 왜 이런 생각을 하게 되었을까?

'바보의 나라' 송(宋), 옻밭 관리인 장자

우리가 잘 아는 수주대토(守株待兔) 이야기(『한비자』), 알묘조장(揠苗助長) 이야기(『맹자』), 월(越)나라에 가서 장보(章甫: 예식 때 쓰는 갓) 장사하는 이야기나 '손 트지 않는 약(不龜手之藥)'의 노하우를 단돈 몇 푼에 어리석게 팔아버린 이야기(『장자』)는 모두 송(宋) 나라 '바보들의 이야기'이다.

장자가 살던 송(宋)은 주 왕조가 무너뜨린 은 왕조 유민들이 집단적 이주지역으로 약소국이다. 주변국들의 침입에 시달리며 가난한, 슬픈 삶을 사는 지식인들에게 자아를 잊고 자유롭게 살아가는 '제 3의 눈(철학)'을 갖는 연습에 익숙해야만 했을 것이다. 그래서 나(자아)를 잊고, 현실의 상대적 대립적 세계를 넘어서서, 절대적 자유의 세계를 꿈꾸었는지도 모른다. 어쨌든 중국의 역사 속에서 송나라 사람들은 '바보 이야기'의 대명사로 남게 된다.

송의 수도는 휴양(睢陽)인데 '몽(蒙. 이 글자도 '어둡고 어리석음'을 상징한다)'은 그 동북쪽 교외에 있다. 장자는 그곳에 있는 칠원(漆園) 즉 '옻밭'의 관리라고 한다. 장자는 옻 생산 관리자였다는 이야기다. 사람을 다스리는 관리가 아니라 식물을 관리하는 관리였기에 식물의 관찰과 상상력이 생겼고, 거기서 여러 가지의 '나무'이야기, 나무의 쓸모 있음(有用)-쓸모 없음(無用), 그리고 '쓸모없음'의 진정한 가치를 논하는 지혜가 생겨난 것이리라. 여기서 중요한 것은, 옻 밭 관리가 '칠흑(漆黑)' 즉 혼돈-어둠-무의 관리를 상징하는 것이라는 점이다. 황런다는 말한다. 「중국어 칠(漆)은 원래 대자연에서 자란 식물인 옻나무를 가리켰고, 우임금은 칠기를 수장품과 관의 목재로 사용하는 풍속을 만들었다. 중국의 색 가운데 칠흑(漆黑)색은 윤기가 흐르는 흑발을 묘사할 때 쓰이기도 했고 대자연의 하늘 색, 즉 달빛도 별빛도 없는 밤에 대지를 뒤덮고 있는 흑암색(黑暗色)을 묘사하기도 하는데, 이 색은 사람의 마음을 불안하게 하고 공포와 위협을 느끼게 한다. 칠흑색은 앞에 뻗은 손가락도 보이지 않을 정도로 어두운 밤의 색이기도 하다. 더욱이 밤은 무공이 뛰어난 복면 자객이 야행복을 입고 밤을 틈타 벽을 넘어 가볍게 적의 목을 따거나 밤도둑이 어둠을 틈타 벽을 넘어 범죄를 저지르기 가장 좋은 시간이다」(『중국의 색』에서)라고. 혼돈은 기존의 질서의 지워버리는, 목을 따는 시공간이다.

위대한 혼돈의 책

사실『장자』는 질서-체제유지의 책이 아니라 반질서-혼돈-반체제적인 책이라 할 수 있다. 혼돈도 그냥 혼돈이 아니라 '위대한 혼돈'이다. 장자가 본 세상은 뒤죽박죽, 엉망진창, 흐리멍텅한 말과 생각의 오류뿐이었다. 그는 이것을 있는 그대로 바라보고 사랑하고자 했다. 모든 건 '그게 그거'였다. 질서를 사랑하는 사람들은 이런『장자』를 위험하다 하겠지만, 질서를 거부하는 사람들은 속이 시원하다 할 것이다. '그게 그거'는 '될 대로 되라!'는 식이니 패배든 성공이든 주어진 운명을 사랑하는 태도, 내가 가진 것 그것만으로 충분하다는 '자족'의 경지를 알게 해준다. 그리고 또한 시큰둥하게 '인간의 깜냥으로는 영원한 세계, 변화무쌍한 인간 세상을 다 알 수가 없지!'라며 '불가지론'적인 태도도 보인다. 현실은 꿈과 미분 상태로 '뭐가 뭔지 잘 모른다'고 생각했다.

더구나『장자』는 논리적 논증적 체계적 글로 되어 있지 않다. 몽테뉴의 에세이와 닮았다. 거의 은유와 암시와 우언이다. 장자는 조직과 체제보다도 평화와 자유, 자연과 생명, 운명을 사랑했다.

어디에도 없는, 끝없이 넓은 들판으로

장자는 말한다. 「지인(至人)은 나(자기=에고)에 집착이 없고, 신인(神人)은 무언가를 위함(=공로)에 집착이 없고, 성인(聖人)은 호칭(=명예=완장=명분=간판=스펙)에 집착이 없다(至人無己, 神人無功, 聖人無名)」고. 그래, 「북쪽 바다 끝 아스라이 먼 곳에 곤이라는 물고기가 있다(北冥有魚, 其名爲鯤). 곤의 크기는 몇 천리나 되는지 모른다. 그 곤이 변하여 새가 되는데 이름을 붕이라고 부른다(化而爲鳥, 其名爲 鵬), 그 붕의 등짝이 몇 천리나 되는지 모른다」처럼, A=A가 아니라, A 는, B로, C로 유동해간다. 그 끝은 '혼돈'이 출렁대는 있는 그대로의 바 다! 바로 '물화(物化: 한 물건이 다른 물건으로 변화해가는 것)'이다. 네덜란드의 화가 모리츠 코르넬리스 에셔의 〈하늘과 바다〉에서 고기 가 새로, 바다가 하늘로 바뀌는 착시처럼.

프랑자 철학자 들뢰즈는 중국의 『장자』에서, 사람이 동물로 꽃으로 돌로, 다시 지각할 수 없는 무엇이 되어 '벽과 벽을 거침없이 넘어서 는' 논리에 주목한다. 이런 혼돈의 과정은 바로 '물화(物化)'를 말한다. 물화는 '이래도 좋고, 저래도 좋다'는 생각, 즉 무차별 평등의 경지 결 국 무(無) 속으로 나아가는 것이다. 그 긍극의 끝에 만나는 지평이 바 로 '어디에도 있지 않은 곳(無何有之鄕)'-'넓고 너른 들(廣莫之野)'- '끝없이 너른 들(壙埌之野)'이다. 나를 잊고, 밖으로 향한 나의 눈을 감고 모든 것을 잊을 때, 모든 해석과 판단은 사라진다. '저절로 그러 한'(자연)세계가 만든 거대한 존재의 푸른 나무 밑을 어슬렁어슬렁 자 유롭게 거닐 수 있는 것이다.

행복에 이르는 '삶의 기술'(Ars Vitae)

이처럼 고전 속에는 항상 나보다 앞서 살았던 사람들의 이야기로 가득하다. 어쩌면 이미 그들은 내가 살아갈 삶을 대신 다 살았다는 느 낌이 든다. 「걸어도 걸어도 그 자리, 가도 가도 떠난 자리(行行到處 至 至發處)」에 서있음을 깨닫는다. 나의 삶이 심각한 듯 치열한 듯하지

만, 그저 유머 개그처럼 거창한 것이 아닌 허접한 일상임을 잘 짚어준
다. '인생살이 다 그렇고 그런 거야', '그냥 웃으며 살아!' 태연한 척 어
깨를 툭툭 치며 말을 걸어온다. 가끔 발밑도 보다가, 먼 산도 쳐다보다
가, 멍하게 앉았다가, 다시 힘을 얻어 일어서서 가던 길을 쉬엄쉬엄 자
신감을 걷고 걸어가라 충고한다. 이처럼 여유로운, 행복한 삶을 살 수
있는, '삶의 기술'(Ars Vitae. the art of living)을 가르치는, 고전 중의
고전이 바로『장자』이다.

『논어』, '사람 사이'에서 '사람으로' 살아갈 지침서

'스펙' 쌓기, '위인지학(爲人之學)'의 시대에

최근 우리 대학과 사회는 경제용어인 '스펙' 쌓기에 한창이다. 스스로를 '위하여!', 부지런히 튜닝을 하고 있다. '스펙(Specification)'이란 남들에게 보이기 위한, 나 자신이란 '상품(물건)'의 사용 명세서.

스펙 쌓기는 전통학문에서 보면 분명 '남의 이목을 위해서(=잘 보이기 위해서) 하는 학문' 즉 '위인지학(爲人之學)'의 부류이리라. 공자는 『논어』에서 말한다. 「옛날에 배우는 사람들은 자신을 위해서 하였는데, 지금 배우는 사람들은 남을 위해서 한다(古之學者爲己, 今之學者爲人)」. 지금 학문은 '남의 이목'을 위해, '남에게 잘 보이기' 위해, '남 앞에서 목에 힘주기' 위해서 하는 것이다. 사회도 대학도 스펙 쌓기에 총력을 기울인다. '위인지학'의 시대다. 국가나 사회가 제시하는 평가지표에 스스로를 맞추기 위해 눈물겹다. 하이데거가 말한 '몰아

세움-닦달'(Gestell)은 그야말로 전시(戰時) 총동원체제화와도 같다.

요즘의 현실은 한마디로 '저돌적(猪突的)'이다. 멧돼지처럼 오직 앞만 보고 돌진할 뿐, '왜?'라고 묻는 정신을 결여해 있다. 이것은 인간을 인간답게 만드는 근원인, 생각하는 마음의 기능(心之官)인 '사(思)'(『맹자』)를 상실한 것이다.

공자, '집 잃은 개(喪家狗)'?

'사서'(四書, 대학 · 중용 · 논어 · 맹자) 가운데 한권인 『논어』. 이 책은 인간의 몸과 마음을 똑바로 앉히거나 일으켜 세워서, '직립보행(直立步行)'하도록 하는 힘을 갖고 있다.

사마천은 그의 『사기』속에서, 중국 천하를 떠돌아다니며 유세하는 공자를 '집 잃은 개(喪家狗)'라 하였다. 밥을 주는 사람은 있어도 '돌아갈 집이 없다'는 뜻이다. 사생아로 태어나, 배우는 즐거움을 잊지 않고, 평생 맨손으로 떠돌았던 공자. 그는 고난 속에서 사람 사이에서 사람으로 살아가기 위한 기술을 터득하였고, 결국 '사람이 희망'이라는 것을 가르쳐주었다.

영국의 철학자　수학자인 알프레드 노스 화이트헤드(Alfred North Whitehead, 1861-1947)는 서양의 학문은 모두 '플라톤 철학의 각주'(a series of footnotes to Plato)에 지나지 않는다고 하였다. 이런 식으로 말한다면, 동양의 학문은 모두 공자의 『논어(論語)』에다 붙인 각주의 역사, 다시 말하면 『논어(論語)』주석의 축적이라 하겠다.

『논어』는 '해,『노자(老子)』는 '달'

중국지성사에서 보면 공자의 『논어』는 빛(陽)='작위와 문명' 건설을 위한 책이었고, 노자의 『노자(老子)』는 그늘(陰)='무위와 자연'을 향한 책이었다. 중국사회의 '앞면=앞뜨락'은 『논어』가, '뒷면=뒤안'은 『노자』가 다스려왔다. 다르게 말하면 공자의 『논어』는 '해'였고, 노자의 『노자(老子)』는 '달'이었다.

돌이켜 보면 그렇다. 스스로 피고 지는 꽃, 절로절로 흐르는 물결, 스스로 푸르러지는 산천, 또 속절없이 시드는 나뭇잎처럼 '말없이' 사람을 '가르치는' 것들이 있다. 옛 어른들은 '세월이 사람을 가르친다'고도 했다. 그렇다. 사람만이 사람을 가르치는 것이 아니다. 유정설법(有情說法)이 있으면, 무정설법(無情說法)도 있다. 해도 달도 산도 나무도 사람을 가르치니, '세월이 사람을 가르친다'는 말은 참 멋스런 입담 아닌가. 적어도 『노자』란 이런 성격의 책이다.

'노자왈(老子曰)'은 없어도, '공자왈(孔子曰)'은 있다?!

'노자왈(老子曰)'이란 말이 전혀 나오질 않으니, 책의 배후에 있는 '자연'의 도(道)가 사람을 가르친다.

이에 반해, 사람이 가르치는 책이 『논어』이다. '공자왈(孔子曰)' 혹은 '자왈(子曰)'이란 말이 나온다. '공자'라는 스승이 가르치고 있는 것이다.

유교 이론의 구체적 실천이 생생하게 담긴 자료집이자 지침서, 매뉴얼 북인 『논어』. 그 내용은 모두 공자(孔子. 이름은 구(丘), 자는 중니(仲尼). BC552~BC479)라는 한 위대한 인물의 사상과 행동, 가르침을 스포트라이트하고, 그를 주연배우로 부각시킨다.

『논어』는 공자의 말, 공자와 제자 사이의 대화, 공자와 당시 사람들과의 대화, 제자들의 말, 제자들 간의 대화 등으로 구성. 이들 내용을 통해서, 공자와 그의 제자들, 주변사람들이 유교의 이상인 『대학(大學)』의 '수신제가치국평천하(修身齊家治國平天下)'='수기치인(修己治人)'의 '도(道)'를 어떻게 실천했는가를 살펴볼 수 있다.

남송시대를 살았던 대학자 주희는 '사서(四書)' 읽는 법을 말한다. 먼저 『대학』을 통해 학문의 규모를 정하고 뜻을 정립하고, 다음으로 『논어』를 배워서 학문하는 근본을 세우고, 그 다음 『맹자』를 읽어 학문의 발전과 의리를 분별하는 법을 배우며, 마지막으로 『중용』을 통해서 우주의 원리를 터득하라! 이것이 주희의 사서 읽기 순서이다. '사서'를 읽을 경우, 특별한 생각과 대안이 없다면 주희의 생각에 따르는 것도 괜찮을 것이다.

『논어』 2류의 책에서 1류로

사실 『논어』는 처음부터 최고의 책이 아니었다. 그것은 역사 속에서 최고의 고전으로 만들어졌다! 원래부터 중국 최고의 고전=바이블은 '아, 바로 그 책!'이라 할 수 있는 『서(書)』이다. 『서』는 '상고의 책'이라는 의미에서 『상서(尙書)』라고도 한다.(한대 이후에는 『상서(尙書)』로 불림). 『논어』는, 최근 가수 싸이가 강남스타일로 용이 되었듯이, 처음에는 중국의 바이블인 오경(五經) 반열에 끼지 못한 2류인 「전(傳)」(『經』의 해설서)이었다. 그것이 남송의 주희가 집주(集註)한《사서집주(四書集註)》로 해서 일약 1류(=바이블,『경(經)』) 그룹에 올라섰다.

　종래『논어』의 편찬자에 대해서는 여러 가지 설이 있어왔다. 어쨌든『논어』는 공자의 손에 의해 기록 · 정리된 것이 아니라, 그의 제자들이 기록하고, 그들의 문인(門人)들이 편찬한 것이다. 말하자면 '세대 누적형 집단 창작 · 편집'이다. 공자가 노나라를 떠나기 전에 배웠고, 공자와 동고동락을 했던 초기 제자로서는 자로(子路), 안연(顔淵), 자공(子貢), 염구(冉求)가 있다. 그리고 공자가 노나라로 돌아온 후 공자를 현창한 후기 제자들로서 자유(子有), 자장(子張), 자하(子夏), 증삼(曾參), 유약(有若)이 있다. 논어의 편집은 이 후기 제자들의 제자의 몫이었다. 북송의 정이천은 말한다. 「논어의 글이 유자(有子)와 증자(曾子)의 문인(門人)들 이루어졌기 때문에 글 속에는 단지 이 두 사람만이 '자(子: 선생)'자를 붙인 것이다」라고.

　또 정이천은 말한다. 「논어를 읽고 아무런 소득이 없는 사람도 있을 것이고, 읽은 다음에 그중 한 두 구절(句節)에서 기쁨을 얻는 이도 있을 것이고, 읽은 뒤에 좋아 할 줄 아는 이도 있을 것이고, 다 읽고는 저도 모르게 손발이 덩실덩실 춤추듯 기뻐하는 사람도 있을 것이다. … 요새 사람들이 참으로 글 읽을 줄을 잘 모른다.『논어』를 읽었거나 안 읽었거나, 다 읽었어도 예전의 그 모양일 것 같으면, 읽지 않은 것과 같다. … 나는 17,8세 때부터『논어』를 읽었다. 그때에 이미 글 뜻은 알았다. 허나, 오래오래 읽고 또 읽고서야, 겨우 그 의미심장함을 깨닫게 되었다」.

"하늘이 공자를 낳지 않았더라면 만고의 세상이 어두컴컴한 긴 밤이 되었으리라(天不生仲尼, 萬古如長夜)"

공자는 중국사상사 아니 동아시아사상사에서 '빛'의 근원이었다. 「하늘이 공자를 낳지 않았더라면 만고의 세상이 어두컴컴한 긴 밤이 되었으리라(天不生仲尼, 萬古如長夜)」. 송대 무명씨로 전해지는데, 중국의 어느 지방 역시(驛舍)의 벽에 적힌 낙서라고 한다. 낙서치고는 참 위대한 말씀 아닌가.

동양의 역사 속에서, 오랜동안 어둠을 일깨워주고, 빛의 세례를 안겨준 책『논어』. 그 책장을 넘기며, 한 글자 한 글자 곱씹어 길을 걸어 들어가다 보면, 딱딱한 문자의 각질 밑에 도사린 서슬퍼런, 얼음장 밑에 살아 깨어있는 봄 미나리 같은, '배움의 기쁨(학열/學說)', '벗들과 어울려 사는 즐거움(붕락/朋樂)', '인간사 허접함, 쓸쓸함, 섭섭함을 견디는 힘(인부지불온/人不知不慍)'을 만난다. 거기에 꼿꼿한, 가끔은 헝클어진 복장의 공자가 서서, 저 멀고먼 옛날 그러나 사람 사는 맛나던, 맛깔스런 세계로 우리를 가이드 해준다. '자왈(子曰)' '공자왈(孔子曰)'….

『전습록』,
역동적인 마음의 철학서

왕양명-'백사천난'(百死千難), 백 번의 죽을 고비와 천 번의 난관

'백사천난'(百死千難), 백 번의 죽을 고비와 천 번의 난관을 겪었다
는 이야기는 왕양명(王陽明. 양명은 호. 이름은 守仁, 1472~1528)의
삶을 이야기 할 때 언급되는 단골 메뉴다. 왜 왕양명은 백사천란으로
언급되는 걸까? 왕양명의 삶은 파란만장, 순탄치 못했다. 더구나 그는
책상에 앉아 있기보다는 무인으로서 험한 산 속의 도적떼들을 평정하
는 등 생애의 대부분의 시간을 리얼한 현실과 맞서면서, 자신의 내면
에서 발하는 직각적인 판단력(=良知)에 기대며 살았다.

편력: 임협(任俠)→기사(騎射)→사장(辭章)→신선(神仙)→불씨(佛氏)

왕양명은 어린 시절부터 당시 과거 급제의 수단이 되었던 주자학

공부에 열중했을 뿐만 아니라 유·불·도 삼가(三家)를 섭렵하였고, 그이후에 양지(良知: 타고난 앎)를 토대로 삼교합일(三敎合一)을 피력한다. 그의 학문적 동료인 담약수(湛若水. 호는 甘泉. 1466 1560. 양명보다 6세 연상)가 지은 「양명선생묘지명(陽明先生墓地銘)」에는 '오닉'(五溺)으로 왕양명의 생애를 요약하여 서술한다. 즉 양명은 다섯가지 영역에 각각 올인하는 식의 정신적 편력을 갖는다. 즉, 임협(任俠)→기사(騎射)→사장(辭章)(=文學)→신선(神仙)(=道敎)→불씨(佛氏)(=佛敎)가 그것이다. 풀어서 말하면, 첫 번째 단계는 약자를 돕고강자를 물리치는 의협심(義俠心)에 젖어 있던 시기, 두 번째 단계는말 타고 활 쏘는 일에 젖어 있던 시기, 세 번째 단계는 사장학(辭章學)에 젖어 있던 시기, 네 번째 단계는 도가(道家), 도교(道敎)에 젖어 있던 시기, 다섯 번째 단계는 불교(佛敎) 공부에 몰두하던 시기이다. 여기서 미루어본다면, 왕양명은 불교 공부보다 도교, 도가의 공부를 먼저 시작했던 것으로 보인다. 왕양명의 아버지 왕화(王華)가 왕양명이신선(神仙)·장생(長生)의 학설을 공부하는 데 반대했던 적이 있는데, 사실 왕양명의 가문은, 그의 6대조 왕강(王綱)이 산 속에서 도사(道士)와 살았던 경력에서 알 수 있듯 도교와 깊은 관련이 있다.

심즉리(心卽理, 37세)→지행합일(知行合一, 38세)→치양지(致良知, 49-50세)〉의 변천

아울러 양명의 제자 전덕홍(錢德洪 호는 緖山. 1496~1574)이 쓴「각문록서설(刻文錄敍說)」에서는 양명의 '교(敎: 교설)의 삼변(三變)'즉 〈심즉리(心卽理, 37세)→지행합일(知行合一, 38세)→치양지(致良

知, 49-50세)〉의 변천과정과 더불어 '학(學)의 삼변(三變)' 즉 〈사장(辭章)→이씨(二氏)(=道·佛)→성현(聖賢)(=儒學)〉의 변천과정을 지적하고 있다. 왕양명은 도가, 도교, 그리고 불교를 거친 후 35세 때 「성현(聖賢)의 학」즉 유학으로 돌아온다. 산전수전 다 겪고 고향으로 돌아온 셈이다.

당시의 다른 유학자들과 마찬가지로 왕양명도 일찍이 유학(儒學)의 경전, 그리고 성리학(특히 주자학) 관련 저서를 읽었다. 그래서 그 속에 담긴 이치나 도덕을 체득하여 궁극적으로는 '성인(聖人)이 되는 것에 뜻을 두었다. 경서를 읽는 목적이 단순히 관리 등용 시험인 과거(科擧)에 합격하여 관료가 되는 것이 아니라 스스로의 인격을 완성하려는 것이었다.

그는 당시 보편화된 학문 체계였던 주자학에 몰두하여 두 번의 좌절을 체험한다. 이러한 체험은 이후 그의 독창적인 사상 체계 수립의 중요한 토대가 된다. 예컨대, 잘 알려진 이야기가 있다. 21세 되던 해 주자의 저서를 널리 읽고 "만물은 반드시 겉과 속 정밀함과 거침이 있고, 풀 한 포기 나무 한 그루도 모두 지극한 이치를 갖추고 있다"는 이른바 격물 궁리(格物窮理)에 대한 이론을 알고 뜰 앞에 무성하게 자라는 대나무[竹] 하나를 잘라 와서, 그 속에 갖춰져 있다는 이치를 발견하고자 심사숙고하였으나 결국 성과를 얻지 못하고(이치를 발견하지 못하고) 노이로제에 걸려버렸다 에피소드.

대나무 노이로제에서 '오성자족(吾性自足)'의 깨달음으로

왕양명의 '성인됨'(爲聖人)에 대한 관심은 드디어 큰 깨달음으로 이

어진다. 즉 그는 37세 때 중국의 변방 귀주성(貴州省) 용장(龍場)으로 좌천되는데, 거기서 어느 날 밤 꿈속에서 "(주희의) 격물치지의 뜻"을 "대오(大悟)"하는 신비체험 (이것을 일반적으로 '용장의 대오'라 한다)의 행운을 얻는다. "비로소 나는 알게 되었다. 성인의 길은 나의 본성 속에 온전히 갖추어져 있다(吾性自足). 지금까지 이치를 바깥 사물에서 구한 것은 잘못이었음을!"이라는 자각이 그것이다. 이것이 바로 그의 독창적인 사상이 시작되는 "심즉리(心卽理)"의 자각이다. 이 학설을 바탕으로 그는 '지행합일' · '치양지'등의 설을 전개해 간다.

그런데 왕양명 최후의 장면은 어떤 것이었을까? 그는 병 속에서 생애를 마친다. 병세가 악화되자 그는 제자를 불러서 잠시 눈을 뜨더니 "나는 간다"라고 짧게 말했다. 제자가 엉엉 울면서 "남길 말씀이 없으십니까?"라고 묻자 양명은 희미하게 입가로 웃음을 머금으면서, "이 마음이 광명하구나. 다시 더 무슨 말이 필요하겠나?(此心光明, 亦復何言)"라는 말을 내뱉고는 조용히 숨을 거둔다. 그는 55세 때 쓴 시 「중추(中秋)」에서 말한 적 있다. "내 마음 속에 절로 밝고 밝은 달이 있네. 천고에 걸쳐 만월은 영원히 이지러짐이 없네(吾心自有光明月, 千古團圓永無缺)"

다양한 학설의 개화

왕양명이 평생 설파한 사상, 즉 그의 백사천란의 삶이 남긴 진신 사리들은 다음과 같다. ①심즉리설(心卽理說) : '마음(心)이 곧 이치(理)이다.'는 이론 이것은 주희의 '성즉리(性卽理)'에 반대되는 학설이 아니라 그 '격물궁리'에 대한 안티테제이다. ②지행합일설(知行合一說)

: '지'와 '행'은 '선후'를 나눌 수 없는, 본래 '합일'이라는 이론. ③치양지설(致良知說) : 일반인도 성인과 마찬가지로 이미 갖추고 있는 양지(맹자의 양지와 양능을 합친 말)를 자각 실현하라는 이론. ④만물일체설(萬物一体說) : 만물은 본래 한몸이라는 이론. ⑤사상마련설(事上磨鍊說) : 각각 처해있는 현실과 구체적 활동의 장에서 수행 공부하라는 이론. ⑥아동교육설(兒童敎育說) : 아동이 저마다 가진 개성과 덕목을 개화시키는 방향으로 교사가 도와주면서 교육하라는 이론. ⑦친민설(親民說) : 민(民. 인간을 포함한 천지만물)을 아끼고 '가르침[敎]'으로 인도하여 '양육[養=親]'하라는 이론. ⑧사민평등설(四民平等說) : 덕성의 측면에서 사민(四民)(=만인)은 모두 평등하다는 이론. ⑨만가성인설(滿街聖人說) : 거리의 모든 사람들이 다 성인이라는 이론. ⑩삼교합일설(三敎合一說) : 유교 불교 도교는 (인간의 마음 내면에서) 합일이 가능하다는 이론. ⑪육경개사설(六經皆史說) : 《육경(六經)》은 무두 역사라는 이론. ⑫발본색원설(拔本塞源說) : 악의 근본을 뽑고 그 원천을 막는다는 이론. ⑬성의설(誠意說) : 경(敬)을 사족으로 보고, 성의에 중점을 두고 의(意:마음의 지향)을 참되게 하라는 이론. ⑭사구교설(四句敎說) : 선도 없고 악도 없는 것이 마음의 본체(無善無惡是心之体)·선과 악은 意있의 발동(有善有惡是意之動) 선과 악을 아는 것은 양지(知善知惡是良知)·선을 행하고 악을 제거하는 것은 격물(爲善去惡是格物) 이라는 이론.

이러한 여러 이론에 의하여 왕양명은 누구나 성인이 될 수 있다는 희망을 주고, 저 높은 곳의 경서(經書)를 서민의 눈높이로 끌어내렸고, 인간의 욕망을 긍정하는 길을 열었으며, 붕우(朋友)관계 연대의식 등 횡적(=평등한)인 인간관계를 중시하는 지평을 열었다.

실천적인 삶에 대한 가르침

이와 같은 사상이 그의 주저인 『전습록(傳習錄)』에 실려 있다. 『전습록』의 '전습(傳習)'이란 말은 『논어』 「학이(學而)」 편 "증자가 말하기를 나는 날마다 다음 세 가지로 나 자신을 반성한다. 남을 위하여 일을 함에 있어 마음을 다하지 아니함이 있었는가? 벗과 사귀는 데 미덥지 못함이 있었는가? [스승으로부터 배운 것을] 익히지 아니하였는가 [曾子曰, 吾日三省吾身, 爲人謀而不忠乎, 與朋友交而不信乎, 傳不習乎]?"의 '전불습호(傳不習乎)'로부터 따온 것이다. 『전습록』을 영어로 번역한 진영첩(陳榮捷)은 책 제목을 『Instructions for practical living by Wang Yang-ming(왕양명의 실천적인 삶에 대한 가르침)』이라고 하였다. 그렇다. 왕양명은 추상적인 이론을 말하지 않았다. 실천적인 삶에 대한 가르침을 말해주고 떠났다. 우리들 삶에서는 이론이 부족한 것이 아니다. 행동과 실천이 모자란다. 왕양명이 『전습록』 속에서 드러내 보여주는 것은 바로 삶의 실천적 매뉴얼이다.

나 소나 콘서트'(개를 초대한 콘서트)를 연 한 개그맨 왈, "세상에 불만이 많아야 한다. 가끔 눈 딱 감고 '또라이'가 돼보는 것도 좋다. 지금까지 못 보던 것이 눈에 확 들어온다."[1] 이것을 읽고, 개성적인 삶이 무엇인지를 곰곰이 생각해본다. 차라리 또라이들을 기르는 것이 더 개성적인 교육인가? 그렇다면 그것은 어떻게 기르는 것인가? 기른다고 길러질까?

한 때 학교, 대학은 스펙에 매몰되었다가 요즘은 취업에 또 목을 맨다. 스펙과 취업 쪽으로 '몰아세움-닦달'(Gestell)은 전시 동원체제처럼 여러모로 불편하다. 이처럼 스펙을 쌓고, 직업을 가지는 학문이란 남에게 잘 보이기 위한 이른바 '위인지학(爲人之學)'이다. 이러한 대학의 '위인지학' 경향은 대학의 총량을 모두 '평가지표'에 맞추려는 것이다. 이러한 맹랑한 대학의 현실은 '왜?' '무엇인가?'라고 묻는 정신을 상실하고 장기적 전망을 포기하였다. 따라서 데카르트가 『방법서설』에서 말한 대로 「전문가는 타인의 정신적인 불행으로 벌어먹고 살아가는 허위의 자격」에 불과하다. 학문-지식이 갖는 도구적 속성은 원래 그런 것이지만, 결국 남의 불행을 기반으로 나의 행복을 찾으려는 전문가 양성이란 참 씁쓸한 풍경이다.

우리는 한 번도 '자기 마음대로', '제멋대로'라는 자유를 만끽해본 적이 없다. 늘 형식-틀을 중시하고 그것 '안(내부)'에서 자유를 구가하라고 들어왔다. 작시법, 운율, 석고상, 서식, 교본. ○○체와 같은 고전적인 형식들이 그것을 말해준다. 말하자면 우리 내부의 완고한 고전주의가 자리해 있고, 그것이 삶을 교도해왔다. 범생이들을 키워왔다

---

1) 『조선일보』(2015년 10월 17-18일자)

는 말이다. 그것을 해체, 붕괴하려는 것이 최근의 낭만주의이다. 한 마디로 또라이의 방향으로 가자는 것이다. 이런 '범생이' 대 '또라이'의 이야기는 우리 사회가 껴안고 있는 어설픈 풍경이다.

한쪽에서는 인문학 열풍이니 뭐니 해서 고전을 중시하고, 아예 고전에 얼굴을 쳐 박고 사는 사람들도 많다. 또 한편에서는 개성교육, 창의교육 운운한다. 전자는 고전주의로 향하고, 후자는 그것을 해체하려는 낭만주의로 향한다. 이런 두 방향의 '밀고 당김'은 양자의 절충인가? 공존인가? 그것은 사이비거나 편의적인 것인가? 균형을 잡은 안정된 것인가? 물으면 물을수록 더 답답하다. 답답한 심정에 자문자답식으로 글을 써본다.

2. 개성교육, 왜 해야 하나?

신문을 보다가 놀랐다. 아니, 땅으로 나와 며칠 간 '걷는 물고기'가 있다니?

인도 동부의 서(西)벵골주에서 발견된 '찬나 안드라오'라는 이름의 물고기는 몸통이 푸른빛이며 머리는 뱀같이 생겼는데, 배를 땅에 대고 움직이는 방식으로 육지를 걸을 수 있단다. 아가미가 있음에도 물 밖에서 호흡할 수 있기 때문에 최장 4일 동안 물 없이 땅에서 살 수 있다고 한다.[2] 파격이고 일탈이다. 참 개성만점의, 창의적인 물고기 아닌가? 다 물속에서만 사는데, 이 녀석은 물 밖에 나와서 살기도 한다니? 그런데, 왜 우리는 이런 종류의 물고기에 놀라는가? 물고기가 그

---

2) 『중앙일보』(2015년 10월 15일자) 참조.

럴 수 있다는 교육은 왜 못하는가? 교재에 없기 때문이다.

요즘에 와서 '창의교육'이 유행이고, 더불어서 '개성교육' 또한 자주 입에 오르내린다. 하나의 유행인 셈이다.

'개성'이란 '한 개인이 가지는 고유한 취향이나 특성'을 말한다. 한마디로 남과 다른 것, 그 사람만이 가진 것을 말한다. 개성은 개별적 특성, 취향, 취미, 성격, 능력, 창의성 등을 포괄하는데, 그것을 '교육'과 연결할 경우 생각할 점이 한 두 가지가 아니다.

자, 그렇다면 하나씩 물어보자.

개성을 점점 더 개발하면 할수록, 튀는 인재가 늘어날 것이며, 교육 현장은 더 어려워 질 것이 아닌가? 개개인의 특성, 능력을 개발하게 되면 결국 수많은 교사들이 학생들을 소수의 그룹으로 나누어 교육을 해 가야 하는데, 돈과 노력과 정성이 과감하게 투입되어야 하는 것 아닌가? 이것을 학교나 대학, 아니 국가가 과연 할 수 있을 것인가? 지금과 같은 획일적, 단시간적, 대량생산적, 입시위주 공교육 체제하에서, 무엇을 어떻게 할 수 있을 것인가?

좀 더 물어보자.

어떻게 하는 것이 개성교육인가? 전국의 수많은 교사, 교수들 자신이 개성적이기는 한가? 그들이 학생 하나하나의 개성을 끄집어내어 자질을 갖추고 있으며, 그들의 개성을 실제로 함양할 수 있을 것인가? 그렇다면 개성은 함양될 수 있는 것이긴 한가?

보다 더 근본적으로 물어 들어가 보자. 남과 다른 것, 그 사람만이 가진 것이 개성이라면, 왜 이런 개성교육이 필요한가? 지금 같은 '공

(公)'교육 중심의 교육 체계 내에서 개성 교육은 어느 위치를 차지하는가? 이 물음은 결국 '사람은 왜 개성적이어야 하는가?=왜 개성적으로 살아야 하는가?'의 문제를 건드리게 된다.

  이렇게 캐물어 들어가 봐도 별 뾰족한 수가 없다. 대답이 단순명쾌하지 않다는 말이다.

  더구나 개성교육은 그냥 놔두면 더 나은 것이지 왜 하필 학교나 대학에서 함양하려 하는가?

  "IQ가 다는 아니다…사람들은 여러 방식으로 똑똑하다." 하워드 가드너 교수(하버드대)의 생각이다. 그는 "한국 교육을 어떻게 보는가?"라는 질문에 이렇게 답한다.

  한국 학생들은 획일화되고 표준화된 시험에서 높은 점수를 획득하고, 문제풀이에 능하다. 하지만 규격화되고 획일화된 시험이 아닌 다양한 분야에서 더 뛰어나고 새주가 있는 청소년과 젊은이에게 이것은 엄청난 스트레스를 유발한다. 한국은 학업의 성취와 성과 면에서 돋보이긴 하지만, 그만큼 스트레스도 눈에 띄게 두드러진다. 한국 부모들은 자녀들을 자주 엄하게 대하는데, 아마 그들이 어렸을 때 이런 스트레스를 받았기 때문일 것이다. 내 경험상 한국 학생들은 자기 자신에게도 엄격하며 너무 많은 것을 요구한다. 이런 태도는 어느 정도는 필요할 수 있지만 자기파괴적으로 흐를 수 있기 때문에 위험하다고 생각한다. 한편 동아시아인들은 서양 사람에 비해 창조적이지 않다는 통설이 있는데, 나는 이에 동의하지 않는다. 이미 한국 출신의 창조적 예술가, 음악가, 과학자들이 한국과 해외에서 활발하게 창조적 능력을 펼치고 있

는 것이 그 증거다.[3]

그렇다면 개성교육, 창의교육은 우리의 교육처럼 획일적으로 규격적으로 하기보다는 오히려 스스로 해나가도록 내버려 두는 편이 '개성 있고, 창의적인' 학생들을 길러내는 길이 아닐까? 지금 우리 교육은 엄청난 스트레스이다. 너무 엄격하게, 너무 많은 것을 요구하고 있다. 프로그램도 많고, 너무 닦달해댄다.

3. 우리 내부의 '고전주의'
─석고상(石膏像), 서식(書式), 교본(敎本). ○○체(體), 작법(作法) ─

예전에 나는 시조를 지어본 적이 있다. 작시법(作詩法)이 있다. 기승전결에 따라 글자 수를 3444, 3444, 3543 식으로 맞추고 운율을 가다듬어서 노래처럼 만들어 간다. 그 이후 나는 자유시를 쓰게 되었는데, 이 경우에는 시조의 형식들이 모조리 해체, 상실되고 있었다. 그야말로 자유였다. 무엇이든 쓰면 된다고 하여, 무엇이든 써봤다. 그런 자유적인 실험 속에서 해체주의, 다다이즘...등등 온갖 이야기를 듣곤 하였다. 고전주의가 해체된 전망이란 이런 허무와 허망의 실습처럼 느껴졌다. 그것은 낭만주의적 방향이었지만 다시 내 시들은 가끔 운율과 형식을 찾고 있었다. 딱 10자로만 쓰는 열자시, 딱 100자로만 쓰는 백자시처럼 실험적인 시들이지만 결국 고전주의적인 흐름 속으로 회

---

3) 『중앙일보』(2015년 10월 17일자)

구하는 것 같다.

어릴 적 산수화를 그려본 기억이 있다. 산수화도 그리는 틀이 있다. 그 틀에 따라 연습하면 된다. 하나의 본을 두고 열심히 그것을 따라 그려 보았다. 그러다 보면 어느 정도 숙달이 된다. 물론 진경산수화도 있다. 진짜 풍경을 두고 그리는 것이지만 있는 자연을 그대로 베끼는 일이다. 과거에는 서양미술을 한다 하면, 대부분 석고 데생부터 배웠다. 그것도 동양의 것은 없고, 아그리파, 쥬리앙, 비너스와 같은 서양의 역사나 신화 속에 등장하는 유명한 석고상(石膏像)의 얼굴들이다. 그래도 그때 우리는 묻지 않았다. '왜 우리의 할아버지나 할머니를 그리면 안 되는가?' 더 우스꽝스러운 것은 색맹이나 색약인 경우 '미술을 하지마라!'고까지 강요했다. 색깔을 모르기 때문에 그림을 그릴 수 없다는 이유에서다. 이런 말들을 대부분 믿고, 순진하게 미술을 포기한 사람들도 많다.

연인 끼리나 사제 간이나 편지를 주고받을 때에도 편지를 쓰는 양식이 있다.「유세차(維歲次) ○○년(年) ○○월(月) ○○일(日)……감소고우(敢昭告于)」의 형식으로 시작하는 제사의 축문(祝文)처럼, '서식(書式)'에 따랐다. '왜?'라고 묻지 않고, 꼭 그렇게 해야 하는 줄로 알았다.

붓글씨, 펜글씨를 쓸 때에는 교본(敎本)을 옆에다 두고 따라 썼다. 특히 서예의 경우에는 지금도 ○○체(體)니 하면서 충실하게 따라 쓴다. 열심히 해서 그 서체에 완벽하게 다가서는 것으로 그 작업은 끝이

난다. 틀-형식을 벗어나면 안 되는 것이다. 일단 인정받을 수 없다.

시를 쓰고 에세이를 쓸 때도 꼭 원고지를 사용하였다. 더욱 우스꽝스런 것은 문장의 처음에는 꼭 한 자를 들여서 써야 했다. 지금도 지키고 있다. 왜 들여서 써야 하는지 나는 아직도 잘 모르겠다. 또한 글쓰기에는 문법처럼 '작법(作法)'이 존재하였다. 그 가운데 운율도 들어간다.

어쨌든 작시법, 운율, 석고상, 서식, 교본. ○○체…. 한 마디로 완성된 하나의 '고전'을 존중하고 그것을 서술하는 것. 그러나 고전은 이미 사라져버리고 없는 것들이므로 우리는 그 붕괴와 상실을 잊으려 끊임없이 그것을 재현하며 거기에 다가서려 한다. 전통에서 제시한 이상적 틀-형식을 그대로 모방, 재현하려한다. 우리의 전통에서 말하면, '술이부작(述而不作)'이다. '서술하되 창작하지 않는다!'는 것이다.

4. 언저리에 서기, 낯선 눈으로 보기

'태양을 꺼라!'고 주장하는 경우가 있다(다석 유영모). 태양은 도도하게 유일신처럼 모든 자잘한 빛들을 제압하거나 말살해버리기 때문에 밤 혹은 새벽을 지향하라고도 한다. 해가 진 하늘을 차지하는 달과 별. 그리고 지상을 가득 메우는 수많은 가로등불. 집집마다 창문을 통해 비쳐 나오는 무량 무량한 등불. 태양이 사라진 자리엔 불 있는 것들은 모두 고개를 든다. 해를 잊은 자리에 떠오르는 주인공들이다. 달 빛 아래에서 고개를 드는 불빛들. 이런 경이로운 세상이 태양에 의해 소거, 은폐되어 버린다.

파스칼은 『팡세』에서 원리를 보는 맑은 눈(=섬세한 정신; 직관 능력)과 올바른 추리를 하는 명석한 두뇌(=기하학적 정신; 추리 능력)를 겸비하는 사람만이 자신의 능력을 충분히 발휘하여 사물의 본질을 명확히 파악할 수 있다고 보았다. 이를 두고서 어떤 사람은 기하의 정신보다 섬세의 정신 편을 들기도 한다. 모두 중요한 조언들이다. 사실 섬세하게 보면, 일상의 것들이 낯설게 보인다. 우리가 사용하는 바비큐 숯에도 면옷에도, 커피 속에도 빈민 노동자가 혹사한 눈물이 숨어있다.[4]

'꽃을 보지 마라! 꽃 언저리, 꽃 주변을 보라! 그래야 꽃이 더 잘 보인다.'고 하기도 한다(다석 유영모). 꽃 언저리에 서면 아름답고 화려하고 빛나던 것들이 일순 낯설어진다.

파격과 일탈은 늘 다니던 길을 벗어나는 일이다. 하던 일들 그 옆으로 비껴가거나, 에둘러 가거나, 그 밑으로 푹 빠지거나, 아예 집어치우고 그만 두거나 할 때 너무 익숙해져서 '어두워진', '숨은' 의미들이 보이기 시작한다. 개성이란 이런 이전(以前) 혹은 남[他者]과 '다른' 나만의 방법 속으로 걸어 들어서는 일이다.

최근 신문에서 보았다. 광화문 교보생명 사옥에 내걸린 시(詩) 69편 중 1위에서 5위가 선정되었다. 나태주의 '풀꽃'(1위), 정현종의 '방문객'(2위), 장석주의 '대추 한 알'(3위), 정호승의 '풍경 달다'(4위), 도종환의 '흔들리며 피는 꽃'(5위)이다. 여기에는 개성이 돋보이는 표현

---

4) 『한국일보』(2015년 10월 15일자) 참조.

법들이 들어있어 소개해둔다.[5]

　'자세히 보아야 예쁘다/ 오래 보아야 사랑스럽다/ 너도 그렇다.'(나태주의 '풀꽃')

　'사람이 온다는 건/ 실은 어마어마한 일이다/ 한 사람의 일생이 오기 때문이다'(정현종의 '방문객')

　'대추가 저절로 붉어질 리는 없다/ 저 안에 태풍 몇 개/ 천둥 몇 개, 벼락 몇 개'(장석주 '대추 한 알')

　'먼 데서 바람 불어와/ 풍경 소리 들리면/ 보고 싶은 내 마음이/ 찾아간 줄 알아라'(정호승 '풍경 달다')

　'흔들리지 않고 피는 꽃이 어디 있으랴/ 그 어떤 아름다운 꽃들도/ 다 흔들리며 피었나니'(도종환 '흔들리며 피는 꽃')

　틀-형식의 언저리에 서서, 낯선 눈으로 바라볼 수 있을 때 파격과 일탈의 길도 열린다.

　그렇다면 개성은 파격, 일탈을 통해서 더 잘 실현될 수 있다. 그런데 파격, 일탈의 길은 틀-형식을 전제로 한 것이다. 그렇다면 통일성 속에서 다양성으로서의 독특성, 독자성, 개성을 지향하는 것이다. 결

---

5) '광화문 글판'은 문구가 1년에 4번, 계절마다 바뀐다고 한다. 주로 문인들로 구성된 '광화문 글판 문안 선정 위원회'가 글판에 적을 문구를 선정한다. 『조선일보』(2015년 10월 15일자) 참조.

국 고전의 틀 내에서 추구되는 낭만적 행위라 할 수 있다. 손오공이 아무리 뛰놀아봤자 부처님 손아귀에 있었듯이, 개성이 아무리 기고만장해도 틀-형식 내에서 허용된 자유=‘파격, 일탈’일 수밖에 없다는 말이 된다. 다만 국가주의가 강하면 강할수록 ‘틀-형식’이 강조되고, 개인주의가 강해지면 강할수록 ‘파격, 일탈’이 강조된다는 차이가 있을 것이다.

5. 개성교육은 ‘틈새의 전략’

실제로 ‘개성’이 강조된 것은 비교적 최근의 이념이고 경향이다. 이전에는 개성이란 것이 거의 필요 없었다. 물론 현재에도 틀-형식의 간계(奸計. 속임수)로부터 자유로운 것은 아니다.

헤겔은 『역사철학』에서 역사가 ‘이성의 간계’로 움직인다고 보았다. 따지고 보면 개성이라는 것은 일종의 ‘틈새의 전략’이다. 상실, 붕괴된 고전-고전주의의 자리를 낭만주의가 다채롭게 대신해주는 것처럼 말이다. 마치 건물이 사라진 폐허에 무수한 잡초가 자라나는 것처럼 어떤 정형화된 형식-틀-규칙-규범이 사라진 자리에 다양한 개성적인 장르가 등장한다. 고전의 상실과 붕괴의 감각은 고전에 대한 그리움을 낳고 ‘노스탤지어’를 품게 한다.

지금 우리 사회에서 강조되는 개성-개성교육은 일종의 우리사회가 보여주는 낭만주의적 흐름에 따른 것이다 그러나 현재와 같은 입시위주의 획일적 공교육 시스템 내에서는 온전한 낭만주의적 흐름의 실현이 가능할 리 없다. 고전적 틀-형식이 강조되는 한, 지금과 같은 고전-고전주의 교육이 강조되는 한 모범-본은 해체될 수 없고, 찬란한 개성은 싹틀 리 없다. '개성, 개성!', 나아가서 '창의, 창의!'하며 개인의 특성을 영웅적으로 내세우긴 하나 결국 그 배후에는 '보이지 않는 손'으로서 정형화된 고전적 형식-틀이 조종하고 있다는 말이다.

잠시 루소의 『에밀』에 나오는 한 구절이 떠오른다: "18세가 되면 사람은 철학(자연학)에서 '지렛대란 무엇인가?'를 배운다. 하지만 12세의 농촌 아이로 아카데미의 가장 뛰어난 기계학자보다도 지렛대를 잘 다루지 못할 이는 없다." 흥미로운 이야기이다. 그냥 지렛대를 사용하다 보면 사용법을 다 아는 것이지 왜 꼭 교육을 통해서 지렛대를 배워야만 하는가? 참 어려운 문제를 제기한다. 원리적-기초적 앎과 응용적-실천적 앎의 차이를 되짚어보게 하는 대목이다.

'우리는 왜 학교, 대학에 가야 하는가?' 거기서 개성은 함양되는가? 다시 수많은 의문이 생겨난다. 타고난 개성을 활용하는 것과 개성적으로 사는 삶이 어떤 것인지를 객관적으로 살펴서 개발/함양하도록 하는 것은 분명 다르다. 하지만 여전히 '자신의 개성이 무엇인지 이론적-기초적으로 규명하고 응용해가는 것'과 그렇지 않고 '그냥 자연 그대로 내버려 두는 것'의 경우 어느 쪽이 더 나은 교육법인지 그 기준이 분명하지 않다는 것이다.

그렇다 하더라도 우리는 개성이라는 것을 '틈새의 전략'으로 보고 더 철저히 밀고나갈 수밖에 없다. 틈새는 사람-사물, 지성-문화, 과학-기술 '사이(間)', '어울림(際)'을 말한다. 틈새의 전략은 개개인 혹은 집단, 사회가 '사람-사물-지성-문화-과학-기술' 사이에서 어울리며 연출하는 기법이다.

6. 혼돈을 두려워 말아야

어느 외국인은 "한국 사람들은 혼돈(카오스)을 두려워하는 것 같다."고 했다. '혼돈'은 부정적인 뜻만이 아니라 긍정적인 뜻도 있다. 붕괴되고 해체될 것은 그렇게 되어야 한다. 그 다음 새로 새 것이 만들어진다. 혼돈은 또 다른 질서를 만드는 근원이다. 전통사회에 우리가 강조하던 리(理)-질서는 대부분 진정성을 잃고 말았다. 구태의연한 형식이 되었다. 그것이 차라리 무질서를 낳았다.

자주 생각하는 점이지만, 우리는 '개념'을 만들 줄 모른다. 아니 만들려고 고뇌하지 않는다. 그냥 남이 만들어 놓은 것을 손쉽게 수입해서 쓰려 한다. 여기서 문제가 심각해진다. 나 자신의 개념을 갖고 있지 않다는 것, 그것은 자기 생각의 독립영토를 잃어버리고만 식민지 거주자와 다를 바 없다. 자신의 생각과 세계를 그려서 담아낼 언어적 형식(틀)이 없는 것, 그것은 스스로의 독자적인 이론, 학문장르, 지식상품을 만들어낼 기반을 갖추고 있지 못하다는 뜻이다.

개성찬란한 일류가 되려면 주체적 개념을 만들어서 가질 줄 알아야 한다. 자신만의 언어, 자신만의 사유 공간을 확보하고 있어야 한다. 그렇다면 고전-고전주의의 상실이 겪는 혼돈을 두려워 말고 즐길 수 있어야 한다. 거기서 에세이가 나오고, 글쓰기가 나오고, 새로운 신체 및 사유 작법이 가능해진다.

일상의 학습만으로는 앎과 세계의 본질에 다가설 수 없다. 개성을 가르치는 일은 공적인 학문으로서 불가능한 점이 있다. 일찍이 막스 웨버는 『직업으로서의 학문』에서 반문한다. 도대체 누가 아직도 학문을 '행복에의 길'이라 믿고 있는가? 인간이 학문으로는 결코 행복해지지 않는다. 아니 행복해질 수도 없다. 그는 톨스토이의 말을 인용한다. "학문은 의미가 없다. 왜냐하면 학문은 우리에게 가장 중요한 문제 즉 '우리는 윤리적-당위적으로 무엇을 해야 하는가?…어떻게 살아야 하는가?'라는 문제에 어떤 답도 주지 못하기 때문이다." 학문이 그렇게 줄기차게 추구하는 '알아야 할 가치'라는 것 또한, 그는 증명될 수 없다고 본다.

배움-학문은 사실 '은유'이다. 하나의 방편이고 형식이지 본질이 아니다. 불교의 경전에서 창작된 "나는 깨닫고 나서 열반에 이르기까지 한 마디 입을 뗀 적이 없다(不說一字)"는 석가모니의 고백처럼, 진정한 세계=본질에는 문자-언어-지식체계로 도달할 수 없다. 틀-형식에서 벗어난, 아니 그 너머/근저에 은유로서 '숨은 세계'를 직접 찾아 나서야 한다.

7. 은유적 '숨은 세계'를 찾아

개성은 은유로 있는 세계 속살로 깊이 다가서는 일이다. 그리고 수많은 암호로 묻힌 세상을 열어가는 일이다. 같은 세계를 바라보아도 영 다르게 보는 일이다.

은유는 닫힌 창문으로 삶의 세계를 바라보는 일이다. 보들레르는 『악의 꽃』에서 말한다 : 「열린 창문 안을 밖에서 바라보는 사람은 닫힌 창문을 바라보는 사람만큼 많은 것을 보고 있는 것은 결코 아니다. 촛불에 밝혀진 창보다 더 그윽하고, 신비롭고, 더 풍부하고, 더 어둑하고, 더 눈부신 것은 없다. 태양 아래 볼 수 있는 것은 유리창 뒤에서 일어나는 것보다 언제나 흥미가 적다. 이 어둡거나 밝은 구멍 속에, 삶이 살고, 삶이 꿈꾸며, 삶이 괴로워한다.」[6)]

　은유로 가는 길은 공적-집단적인 생활과는 차단된 고독의 길일 수도 있다. 아무도 모르는 자기만의 길을 찾는 일이다. 보들레르의 산문시집 『파리의 우울』 가운데 「새벽 1시에」에는 이런 구절이 있다. 「마침내! 혼자가 되었군! …몇 시간 동안 휴식까지는 아니라도 우리는 고요를 갖게 되리라. 마침내! 인면(人面)의 폭력은 사라지고, 이제 나를 괴롭히는 건 나 자신 뿐이리라.」 말은 또 이어진다. 「마침내! 그러니까 이제 나는 어둠의 늪 속에서 휴식할 수 있게 되었다! 먼저 자물쇠를 이중으로 잠그자. 이렇게 자물쇠를 잠가두면, 나의 고독은 더욱 깊어지고, 지금 나를 외부로부터 격리시키는 바리케이드가 더욱 단단해지는 것 같다.」 그리고 더 이어지는데, 딱 눈에 띄는 구절이 있다. 「한 극장 지배인에게…(왜일까?) 내가 기꺼이 저지른 다른 비행들은 부인하였다. 하나는 허풍의 범죄. 다른 하나는 인간 존중의 범죄이다.」 인간을 만나고, 얼굴을 맞대며 산다는 것이 얼마나 어려운 일인지를 보여주는 대목이다. 보들레르는 자발적 고독을 원한다. '인면의 폭력'에서 벗어나고 싶어서이다.

　그렇다. 공동체는 폭력성을 갖고 있고, 개인은 그 앞에서 나약하다. 그래서 그릇 속에 그릇이, 또 여러 그릇 속 묻혀들어 간 겹겹이상자, 인형 속에 인형이 5겹 6겹으로 숨어든 목제 러시아 인형 마트료쉬카처럼, 나의 개성을 집단적, 획일적인 힘으로부터 잘 지켜내는 일은 어렵고 힘겹다. 자물쇠로 걸어 잠그고, 보이지 않는 몇 겹의 바리케이트를 치면서, 자신의 고독 속으로 걸어 들어가는 길은, 간간이 스치는 황

---

6) 보들레르, 『악의 꽃』, 정기수 역, (정음사, 1974), 270쪽.

금빛 자락들, 붉은 복숭아 꽃잎 넘실대는 평온과 자유 속으로 가는 길이다. 한 폭의 「몽유도원도(夢遊桃源圖)」를 찾는 길이기도 하다. 세종의 셋째 아들인 안평대군이 무릉도원을 찾는 꿈을 꾸고, 그 내용을 안견(安堅)에게 설명한 뒤 그리게 했다는 몽유도원도. 거기엔 사람의 자취가 없다. 안평이 꿈에 거닐던 도원 속, 아련한 풍경 묘사는 이렇다. 「죽림과 기와집...집은 사립문이 반쯤 배시시 열려 있었고...앞개울에는 작은 배 한척이 물살에 흔들흔들. 집은 인기척 뚝 끊겨 쓸쓸한데...」 아, 아름답고 슬픈 '고절'(孤絶) 아닌가. 사실 고절의 존재방식은 배마저도 버린 것이어야 했다. 애당초 신발도, 옷도, 심지어는 나라는 꺼풀도 벗어던지고, 떠나는 것이어야 했다.

모든 언어는 기억과 연결되어 있다. 우리 몸속, 뇌 속에 들어 있는 기억은 결국 언어로 살아난다. 잠시 냉동되어 활성화되지 않은 '은유'의 미세혈관 다발이 언어를 통해 소생하는 것이다. 우리가 언어를 은유적으로 이해할 때, 그것은 곧 색깔, 소리, 냄새, 맛, 모양 등으로 활성화된다. 뇌 속의 기억 다발들이 혼성-유동성을 통해, 숨은 고리를 찾아내어 폭발적으로 연결된다. 이때 우리들의 잃어버린 시간과 장소가 따끈히 살아나 바로 눈앞에서 훤하게 생생히 경험된다. '시방세계현전신(十方世界現全身) 즉 시방세계가 온 몸을 드러내듯 말이다.

서정주의 시 「밀어(密語)」는 말한다. "굳이 잠긴 잿빛의 문을 열고 나와서/하늘 가에 머무른 꽃봉오릴 보아라.//한없는 누에실의 올과 날로 짜늘인 차일을 두른 듯/아득한 하늘가에//뺨 부비며 열려 있는 꽃봉오릴 보아라." 그렇다. 일상과 평범의 세계, 눈앞에 드러난 사방의 대지 위 '굳게 닫힌 문'을 열 수 없다면, 꽃봉오리를 볼 수 없다. 얽히고 설킨 문제를 풀려면 실마리를 찾아야 한다. 그러려면 시선을 바꾸고,

자세를 교정해야 한다. 닫힌 문 주변에는 발상법, 아이디어, 언어와 같은 기법들 - 즉 암호 - 가 겉돌고 있다. 그것은 첨단 잠금장치의 비밀번호처럼, 짜임(맥락·문법)을 맞춰내야 작동한다. 휴대폰도, 아파트의 문도, 금고도 비밀번호를 잃어버리면 열 수가 없다. 평범함-일상세계에 묻힌 수많은 의미들을 들춰내는, 발견하는 일은 은유의 문을 여는 것이다.

개성은 이처럼 은유적 지평에 들어서서 자신만의 독특한 전망과 언어를 갖는 일이다. 이런 경지를 상촌 신흠의 시에서 만난다. 「오동나무는 천년을 묵어도 제 곡조를 간직하고(桐千年老恒藏曲), 매화는 평생을 춥게 지내도 향기를 팔지 않는다(梅一生寒不賣香), 달은 천 번을 이지러져도 본바탕은 그대로며(月到千虧餘本質), 버들가지는 백 번을 꺾여도 새 가지가 돋는다(柳莖百別又新枝)」.

개성을 찾는 길은 자신의 전망 위에 단독자로 선다는 것이다. 그것은 일상=의미 그 근저에 숨은 이른바 은폐된 세계='무의미'를 만나는 일이다. 그리고 군중과의 고절(孤絕), 고독을 즐기는 '독락(獨樂)'에 노닐 줄 알아야 한다.

세상은 은유에 의해 얼마든지 다르게 보일 수 있다. 릴케의 장편소설 『말테의 수기』 제일 첫 머리로 가 보자. "사람들은 살기 위해서 여기로 몰려드는데, 나는 오히려 사람들이 여기서 죽을 것 같다는 생각이 든다." 시인 말테가 대도시에 동경을 품고서 파리에 와 느낀 점은 이랬다. 사람들이 먹고 살기 위해서 대도시로 몰려드는데 죽으러 오는 것 같다고.

8. 개성교육으로 가는 길들

1) 여행과 독서

니코스 카잔차키스는 자신을 길러준 것이 '여행과 독서'였다고 한다. 나는 이 말을 개성교육의 차원에서 존중하고자 한다.

개성 교육에서 중요한 것은 일단 여행이라고 하겠다. 여행은 자신의 발로 세상을 밟는 것이다. "길은 밟는 것, 그래야 노면(路面)이 제 모습을 드러내는 법이다. 사람이 발걸음을 옮겨서 실제 걸어가야만 길이 평평하게 닦이고, 길이 길다운 모양새를 드러낸다(道, 蹈也, 路, 露也, 人所踐蹈而露見也)" 걷기의 형식을 통해 세계는 입체화되어 다가온다. 은유의 세계, 숨은 의미들이 발길에 감기어 와 선명히 드러난다. 언어와 이미지로서 틀을 갖춘다. 개성도 이런 것이다. 마르틴 하이데거는 「숲길」을 통해 말한다.

> 수풀(Holz, 林)은 숲(Wald)을 지칭하던 옛 이름이다. 숲에는 대개 풀이 무성히 자라나 더 이상 걸어갈 수 없는 곳에서 갑자기 끝나버리는 길들이 있다.
> 그런 길들을 숲길(Holzwege)이라고 부른다.
> 글들은 저마다 뿔뿔이 흩어져 있지만 같은 숲 속에 있다. 종종 하나의 길은 다른 길과 같은 것처럼 보인다. 그러나 그렇게 보일 뿐이다.
> 나무꾼과 산지기는 그 길들을 잘 알고 있다. 그들은 숲길을 걷는다는 것이 무엇을 뜻하는지 알고 있다.[7]

---

7) 마르틴 하이데거,『숲길』, 신상희 옮김, (나남, 2008)

여행은 숨어 있는 의미를 들춰내는 일이다. 풀이 무성한 길, 그 은폐의 공간을 살아있는 의미로 드러내는 일이다. 풍이 무성한, 끊긴 길들을 나무꾼과 산지기가 알고 있듯이, 의미를 지키는 일은 사물의 원초로 돌아갈 자격이 있는 사람들이다. 그것이 바로 시인이고 철학자이자. 언어를 지키고 존재를 지키는 작업이 문화와 지성을 지키는 일이다. 개성은 이런 작업 속에서 드러난다.

그리고 다비드 르 브르통은 『걷기예찬』에서 말한다.

> 걷는 것은 자신을 세계로 열어놓는 것이다. 발로, 다리로, 몸으로 걸으면서 인간은 자신의 실존에 대한 행복한 감정을 되찾는다. 발로 걸어가는 인간은 모든 감각기관의 모공을 활짝 열어주는 능동적 형식의 명상으로 빠져든다. ... 걷는다는 것은 잠시동안 혹은 오랫동안 자신의 몸으로 사는 것이다.[8]

걷기 여행을 통해 세계 속에 묻힌 자신의 개성, 독자성을 알아낼 수 있다.

길을 걸으면 길의 이야기를 들을 수 있다. 땅의 색깔과 소리를 보고 들을 수 있다. 그러나 차를 타고 다니면 철판과 유리, 그리고 신호체계가 나와 대지 사이를 갈라놓는다. 그 이분과 분열 속에 갇히면 '몸을 가진 나'는 망각되고 만다. 차는 내가 들고 다닐 짐의 몇 수십 배를, 내가 하루 동안 걸어 다닐 수 있는 이동거리의 몇 백배 몇 천배를 단박에 해결해준다. 나를 대신하여, 내 욕망을 해결해주는 차 때문에 나의 두

---

8) 다비드 르 브르통, 『걷기예찬』, 김화영 옮김, (현대문학, 2011), 9쪽.

발이 해야 할 역할은 상실된다. 차의 의자에 몸을 맡기면 나의 몸무게, 몸 상태는 순간 잊는다. 나는 나로부터, 대지로부터, 이중 삼중으로 멀어지고, 차가 나를 대신하여 대지를 주름잡고 장악하도록 조종한다.

여행 다음은 독서이다. 독서는 '가설'. '잠정'으로 숨어 있는 자신을 일깨우는 방법이다. 그래서 진리의 세계로, 새로운 발명으로 이끌어 갈 힘을 갖는다. 독서는 한 마디로 마음-두뇌 속에 숨은 '대지'를 찾는 일이다.

> 마음의 땅은 대지보다 크다. 이지러진 대지에서는 그래도 무언가 할 수 있지만, 마음의 땅이 이지러지면 아무 것도 할 수가 없다.[9]

지난 1977년 발사된 무인우주선 '보이저1호'가 발사 36년 만에 태양계를 벗어났다고 지난 해 뉴스는 전한 바 있다. 우리의 생각은 기껏 지구적 사고, 그리고 태양계적 사고에 그쳐있다. 그러나 우리가 사고를 넓혀 우주적 사고, 아니 우주 그 너머로 향한다면 기상천외(奇想天外)의 발상도 가능할 것이다. 마찬가지로 우리가 극미(極微)로 들어서면 또 다른 세계가 보일 것이다.

극대와 극미는 우리의 일상적 사유를 넘어서 있는데, 그 세계로 이끌 수 있는 것은 여행과 독서이다. 거기서 새로운 사유가 시작되고 관찰과 발명이 시작된다.

모든 것은 연결되어 있다. 주체에 의해 그려지는 개성적, 창의적 작업은 그리는 자의 '경험-배경=틀-형식'에 기대고 있다. 존재가 구속

---

9) 유만주,『일기를 쓰다 · 1 흠영선집』, 김하라 편역, (돌베개, 2015), 174쪽.

된 시공간이다. 이것은 에서라는 네덜란드 화가가 그린 유명한 작품 '그리는 손'(아래 그림)의 주제이기도 하다.

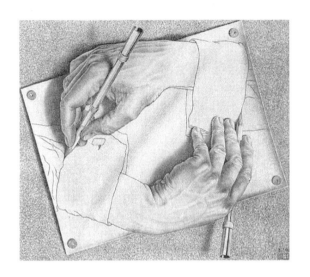

위쪽 손이 펜을 들고 아래쪽 손을 그리고 있다. 그런데 자세히 보라. 위쪽 손이 동시에 아래쪽 손에 의해 그려지고 있다. 두 손이 서로서로 의지하고 있다. 이렇게 모순적이면서 순환하는 관계가 바로 우리 삶이다.

틀-형식의 고수하는 고전주의와 그것을 해체하려는 낭만주의의 관계 다른 말로 하면 범생이와 또라이의 관계를 보여주고 있다. 통일 속의 다양성은, 다양성 속의 통일이라는 말과 서로 배치되는 것이 아니다. 개성교육은 결국 고전주의가 놓치고 있는 전망들을 보완하는 것이거나 고전-고전주의의 그림자에 가려진 '그늘 속의 자아'를 그려내는 일일 지도 모른다.

2) 더늠과 조각보에서 얻는 지혜

틀-형식을 어그러뜨리지 않으면서 새로운 길을 모색하는 방식으로 '더늠'이 있다. 더늠이란 판소리에서 명창들이 사설과 음악을 독특하게 새로 짜서 자신의 장기로 부르는 대목을 말한다. 날실에다 끼워 넣는 씨실처럼 더늠은 수많은 버전으로 이야기가 확장되어 나온다. 그래서 더늠은 옛날 빨래터에서 아낙들이 시집살이를 털어놓듯 무진 무진 확장하는 이야기의 바다를 이루며, 각양각색으로 스토리텔링된다. 개성은 틀-형식을 무한히 변형하며 모색될 수도 있다.

또 하나, 여러 조각의 자투리 천을 모아 보자기를 만든 조각보에서처럼, 개성은 틈새 기법으로서 얼마든지 새로운 길을 열어 갈 가능성이 있다. 작은 것을 버리지 않고 아끼는 마음, 그리고 찌질한 쓸잘 데 없는 것들을 새로운 의미로 살려내는 지혜도 하나의 개성인 것이다.

이처럼 개성 교육은 공교육 내에서 여러 가지 형태로 묻혀있다.

문제는 사유의 무한구동을 이끌어내는 보다 리버럴한 공부, 학습의 분위기와 시스템 구축이다. 또라이를 범생이로 만드려는 전략이 아니라 범생이와 또라이를 공존하도록 하는 관용과 자유의 정책적 안목이다. 고전주의적 전략도 필요하고, 낭만주의적 전략도 필요하다. 둘은 상극이 아니라 상호보완적이며, 절충적이며, 융복합적이어야 한다.

모든 학적 전망은 가설에서 시작한다. 틀-형식도, 고전-고전주의도, 범생이도 하나의 가설이다. 그 반대도 마찬가지이다. 가설이라는 전망에서 보면 '개성'이니 '창의-창조'니 하는 전략도 인간을 이해하고 교육하려는, 이 시대의 한 방법론이다. 이 점에서 개성교육은 방편적 가설적으로 여전히 가능하다고 하겠다.

진(眞)과 미(美)가 만난
외국문학의 번역을 기대하며

외국문학이라 할 경우 '외국'은 일반적으로 '우리'나라가 아닌 '다른' 나라를 말한다. 다른 나라는 좁은 이미에서는 서구(西歐) 혹은 구미(歐美)를, 넓은 의미에서는 아시아와 서구를 포함한 우리나라 외의 모든 나라를 말한다. 지역, 문화권 또는 언어권으로써가 아니라 일국주의적(一國主義的) 시각의 문학 구분이 자리 잡은 것은 근대 국가의 성립 이후의 일이다. 그 이전으로 거슬러 올라가면, 예컨대 한자문화권(漢字文化圈)처럼 언어와 문화가 광범위 하게 지역적으로 공유되고 있어, 문학의 개념을 마치 미소냉전기의 첨예한 이념이나 국가 경계처럼 구획하기가 쉽지 않다.

현재 우리가 사용하는 문학(文學)이란 보통 영어 리트리쳐(literature)를 번역한 개념이다. 그런데, 『논어(論語)』 등의 동양 고전에 나오는 한자어 〈문학(文學)〉, 그리고 라틴어 리테라(litera)에서 유래한 리트리쳐(literature)는 다의적 개념이며 결코 일의적이지 않다. 일반적으로 문학이라 하면 사실 문서형식으로 고정된 모든 언어적 소산을 말하지는 않는다. 시·소설·희곡·평론·수필 등과 같이, 인간의 감정이나 정서, 그리고 사상을 수사력과 상상력을 동원하여 말과 글로써 나타낸 예술 작품에 국한한다. 그러나 가끔은 미적 예술적 성격을 갖춘 인문과학, 철학적 역사적 저작을 포함시킬 때도 있다.

우리나라에서 외국문학(학술 일반의 경우도 그랬지만)이 본격적 유입하는 것은 국가 관념이 확고해진 '근대'라는 시기이다. 외국문학의 유입은 그 시기에 더욱 활발해진 교역과 선교활동, 심지어는 일제 식민지배 수탈기의 문화정책, 유학생, 유람단 등의 역사와 맥락을 같이 한다. 특히 근대 국가의 성립, 그리고 그 이후 이루어지는 강대국간 또는 동서양 간의 양극 대립과 같은 분명한 경계선, 구획, 대립, 전쟁 속에서 서구문학은 그 상황을 담아 동양에 전파하였다. 이렇게 서구문학의 전파는 서구지역 문화, 사상의 파급과 더불어 서구 제국주의 권력 및 이데올로기 유포의 선단에 있어 왔다. 근대 제국, 권력의 발톱을 언어에 숨기며 다가온 '외국'. 한때 우리는 거기에 몰두했다. 지식인들은 거기에 지식과 감성의 촉수를 맞대며 유세를 부리며 폼을 잡았다. 외국과 자신의 동일성을 통해서 존재감을 만끽하며 우쭐거렸다.

우리에게 외국은 늘 '중심'에 있어왔고 우리는 그 언어에 코드를 꽂으려 발버둥쳤다. 여타의 학문에서와 마찬가지로 외국문학이 국내로 진입하는 데 가장 먼저 겪어야 하고, 또한 가장 필수적으로 거쳐야할 코스가 '번역'이다. 외국문학은 번역을 통해 우리들에게 모습을 드러내고 비로소 대화를 시작한다. 번역이란 결국 한 나라의 말로 표현된 글을 다른 나라의 말로 옮기는 것이다. 그런데, 각국의 언어는 어의(語

義)와 문법구조 그리고 운율 사이에 간극과 차이가 있다. 이러한 언어의 간극과 차이를 이해하고 수용하는 일은 일상적인 차원의 만남과 대화보다 훨씬 더 고차원적인 소통과 융합의 작업이다.

어떤 문학이든 기본적으로 언어에 의존해 있으며 번역 또한 외국어와 우리 언어를 다루는 영역이다. 그런데 문학적 언어에는 '표현의 특수성' '섬세한 어감' '예술적 미적 경지'의 미묘함 등으로 해서 다른 분야의 번역보다도 원문의 뜻을 있는 그대로 정확하게 옮기기란 쉽지 않다. 번역은 원어를 그대로 번역하는 직역(直譯), 뜻을 살려서 번역하는 의역(意譯), 그리고 남의 작품을 원안으로 해서 고쳐 쓰는 번안(飜案), 고쳐서 딴 것으로 바꾸는 개역(改譯), 다른 원작을 바로 번역하지 않고 다른 언어로 번역된 것을 번역하는 중역(重譯) 등 여러가지 경우가 있다. 물론 경우에 따라서 영화 뮤지컬 음악과 같이 의역할 수밖에 없는 것, 대중소설과 같이 의역하는 것이 좋은 것, 학술서적 원전 어떤 종류의 문학작품 등 직역이 의외로 좋은 효과를 가져 오는 경우도 있다.

돌이켜 보면, 한국에서의 외국문학의 번역은 가장 빠른 것은 중국 문화와의 접촉에서 시작된다. 한문, 중국어를 한국어로 옮기는 경험은 이후 근대를 기점으로 다른 언어권의 번역으로 다양하게 확대되어 갔다. 그러나 이런 와중에 우리에게 남은 것은 중화(의 한문)/서구(의 영어 등)=상부=고귀=어려움=심오=엘리트 집단(의 독점화), 우리 것(한글)=하부=미천=쉬움=경박=하층 민중집단(의 편용화(偏用化))라는 틀이 굳어지기도 했다. 이처럼 '중화(中華)/서구'='중심의 문화/언어'에 자아가 동질화됨을 느끼면서 안정감 우월감을 찾는 반면 우리 언어를 경시하는 경향은 주로 엘리트 계층이 리드해갔다. 그것은 그들이 외국어를 독점할 수 있었기 때문이다. 그들은 외국문학을 국내로 반입하는 언어(=외국어)의 사제(司祭) 노릇을 하였다.

외국문학 번역은 결국 외국어의 구사 여부에 달려있기에 언어를 구사하고 독해하는 기량을 지닌 지식인들에 의해 독점되었다. 누가 프랑스에서 혹은 독일에서, 미국에서 어떤 사조를 배우고 돌아오면 그 사람이 아예 지점을 차리고 그것을 보급하는 창구 역할을 하였다. 최근의 국내 시 전문지, 문예지에도 그런 역한 냄새를 떨칠 수가 없다. 프랑스풍이니 독일풍이니 미국풍이니 러시아풍이니 하는 것들이 다 그렇다. 외국문학은 그들만의 폐쇄구역에서 제조되어 나오는 문화, 교양, 바깥(세계) 풍경이기 일쑤였다. 일찍이 위당(爲堂) 정인보(鄭寅普. 1892-1950 납북)가 『양명학연론(陽明學演論)』(1933년 동아일보에 총 66회 연재된 내용을 묶은 것)의 '글을 쓰게 된 까닭'을 밝힌 부분에서 이렇게 말하고 있다.

> 학문함에 있어 책 속에서만 진리를 구하려는 태도는 옛날보다 더 한층 심해져서, 때로는 영국, 때로는 프랑스, 때로는 독일, 때로는 러시아로 시끌벅적하게 뛰어다니지만, 대개 좀 똑똑하다는 자라 할지라도 몇몇 서양학자들의 말과 학설만을 표준으로 삼아 어떻다느니 무엇이라느니 하고 만다. 이것은 무릇 그들의 '말과 학설'을 그대로 옮겨 온 것이지 실심에 비추어 보아 무엇이 합당한지를 헤아린 것이 아니니, 오늘날의 이러한 모습을 예전과 비교한들 과연 무슨 차이가 있겠는가.[10]

---

10) 정인보, 『위당 정인보의 양명학연론』, 홍원식 · 이상호 옮김, (한국국학진흥원, 2005), 47쪽.

외국 학설이 그랬듯이 외국문학 또한 예나 지금이나 정인보의 지적대로 "몇몇 서양학자들의… '말과 학설'을 그대로 옮겨 온" 것이며, "실심에 비추어 보아 무엇이 합당한지를 헤아린 것"이 아니다. 실심이란 알맹이 있는 마음 즉 주체적 마음을 말한다. 외국문학에 대한 몰주체적 이해의 경향은 아직도 그 골격을 바꾸지 않는 한, 그리고 외국문학의 엘리트 독점이라는 도식이 깨지지 않는 한 '한국 대 외국'이라는 근대적 대립 구도는 계속될 수밖에 없다.

우리는 중국, 미국이나 프랑스 등의 외국을 한번이라도 철저히 대상화 해본 적 있는가? 그리고 그것을 바라보는 눈(관점, 시각)을 마련해본 적이 있는가? 정인보의 말대로 허위[虛]/가짜[假]가 아닌 '실심(實心)'에서 외국을 바라본 적이 있는가? 어쩌면 우리는 바깥을 나의 눈으로 바라보고 그 다양한 풍경을 나의 것으로 받아들이는 '균형'을 잃고 있는지도 모른다.

조선 수백년 간의 학문이라고는 오직 유학 뿐이요, 유학이라고는 오로지 주자학(朱子學) 만을 신봉하였으되, 이 신봉의 폐단은 대개 두 갈래로 나뉘었다. 하나는 그 학설을 배워서 자신과 가족의 편의나 도모하려는 '사영파(私營派)'요, 다른 하나는 그 학설을 배워서 중화(中華)의 문화로 이 나라를 덮어 버리려는 '존화파(尊華派)'이다. 그러므로 평생을 몰두하여 심성(心性) 문제를 강론하였지만 '실심(實心)'과는 얼러볼 생각이 적었고, 한 세상을 뒤흔들 듯 도의를 표방하되 자신 밖에는 그 무엇도 보이지 않는다. 그러했기 때문에 세월이 흐르고 풍속이 쇠퇴해짐에 따라 그 학문은 '허학(虛學. 텅빈 학문)' 뿐이게 되고 그 행동은 '가행(假行. 거짓된 행동)' 뿐이게 되었다. … 수백 년 간 조선 사람들의

실심(實心)과 실행(實行)은 학문 영역 이외에서 간간이 남아 있을 뿐,
온 세상에 가득 찬 것은 오직 가행(假行)과 허학(虛學) 뿐이었다.[11]

정인보의 말처럼, 과거 수백년 간 우리가 유학, 주자학만을 신봉해
왔듯이, 지금 우리는 외국문학을 즐기고 있는 것이 아니라 '신봉'하고
있는 것은 아닐까? 이 점에서 우리는 우리 것에 눈 돌리지 못하고 외
국을 빌미로 가행(假行), 허학(虛學)에 빠져 있는 것은 아닌가? 외국
을 우리 것으로 끌어당길 수 없다면 그것은 실(實)이 아니고 허(虛)와
가(假)이다.

부처의 가르침이 담겨 있는 산스크리트어로 된 인도의 불경이 중국
으로 유입될 때 한역(漢譯)이라는 난 코스를 겪어 중국인들에게 비로
소 이해될 수 있었다. 노장(老莊) 사상에서 보이는 무(無)와 같은 개
념을 통해서 공(空) 개념을 번역, 이해하는 이른바 '격의불교(格義佛
敎)' 시기를 거쳐 천태(天台), 화엄(華嚴), 선(禪) 등 중국의 독자적인
사상이 수립되는 '중국불교(中國佛敎)' 시기가 도래한다. 즉 전자에
서 후자로 이행되는 과정은 결국 번역과 그를 통한 본질적 사상의 이
해, 그리고 이를 토대로 한 실천의 문제였다. 그 유산이 한역(漢譯) 일
체경(一切經)(=大藏經)이다. 일본은 명치유신을 이룩하기 전후로 서
구 학술 번역의 전성시대를 맞이하여 근대를 철저히 독해해 갔다. 그
들에게 번역의 역사는 곧 서구 수용의 역사였다. 그 근저에는 번역의
붐을 통한 번역 '관(觀)'의 자생적 수립이 있었다.[12] 이 속에 외국문학

---

11) 정인보, 같은 책, 44-45쪽. (단, 번역문의 일부를 인용자가 수정하였음).
12) 이에 대해서는 마루야마 마사오 · 가토 슈이치, 『번역과 일본의 근대』, 임성모 옮
    김, (이산, 2003)을 참조바람.

도 자리를 잡아왔다. '외국'=타자를 독해하는 방법 그리고 나와 타자 사이의 간극을 메우려는 고뇌(predicament)는 결국 번역의 역사 속에 담겨 있다.

외국문학의 번역에서 문학작품의 내용 그 자체[眞]를 지금, 여기에 발을 딛고 사는 우리가 쉽게 알아먹도록 번역해야할 과제가 있다. 읽어서 알기 쉬운 글이 되어야 한다는 말이다. 이 점에서 글의 아름다움[美]은 필수적인 것이다. 내용을 엉터리(假)로 번역하는 것이 아니라 내용을 제대로 우리말로 옮기는 것은 실제 진과 미의 만남이다. 어려운 번역에서 쉬운 번역으로 나아가는 것은 외국문학을 우리의 언어, 문화 체계 속에 완전히 끌어들이는 것이며, 이방인을 동향인(同鄕人)으로 만드는 작업이다. 이 때 외국문학은 더 이상 외국문학이 아니다. 그러기 위해서는 직역, 의역, 개역, 번안이 번역 대상에 따라 자유로이 구사되어 외국문학이 우리들에게 우리의 언어 감각으로 다시 살아나 친근히 다가오도록 해야 한다.

우리는 가끔 난해한 것을 좋은 것, 심오한 것으로 착각하는 경우가 있다. 가끔 그런 것이 대중에게 먹혀들기도 한다. 외국=난해함이 당연시되는 것은 제대로 된 번역이 거의 없었다는 서글픈 우리의 현실을 지적해주는 것일지도 모른다. 우리말로 알아먹지 못하는(이해가 안 가는) 그런 번역은 한 마디로 번역이 아니다. 외국문학이 한 단계 올라서기 위해서는 어떻게 진[내용을 제대로 번역하기]과 미[알기 쉽게 번역하기]를 이룰 것인지를 반성해가야 한다. 그럴 때 외국문학도, 우리의 언어를 매개로, 한국문학 발전의 동반자라는 새로운 의미를 가질 것이다.

5

위로의 인문학

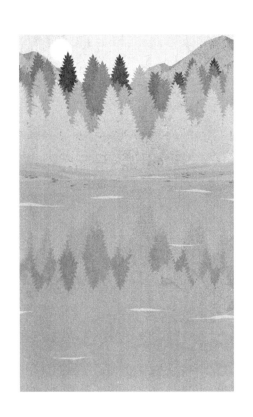

"우지마라,
인생이란 다 그런 거다"

기쁨을 잃은 시대에

시국 선언이 불붙고 있는 요즘, 새삼 떠오르는 책 제목이 있다. 『기적을 이룬 나라 기쁨을 잃은 나라』 - 영국인 저널리스트 다니엘 튜더가 한국에 머물며 느낀 이른바 '한국의 맨 얼굴'을 그린 책이다.

그렇다. 우리는 잘 살게 되었지만 웃음을 잃어가고 있다. 이렇게 파리하게 지쳐가는 웃음기 사라진 얼굴은, 고인이 된 최인호가 『산중일기』에서 '얼굴은 그 사람의 역사가 써내려 간 하나의 풍경이다'라고 하였듯, 우리 자신의 풍경이다.

그런데 얄궂게도, 나의 얼굴은 남이 보아야 잘 보인다. 외신의 보도 내용이 국내 사정을 더 잘 짚는 것처럼, 가까이에서 보면 우리 자신이 오히려 더 안 보인다. 멀리서-다른 사람의 눈으로-먼눈으로 봐야 더 잘 보인다. 자신을 더 잘 알기 위해서는 스스로부터 더 멀어질 필요가 있다. 최인호는 '눈에서 멀어지면 마음은 더 가까워진다.'고 했다. 눈에 안 보인다 해서 마음에서조차 멀어진 것이 아니다.

우리가 이뤄온 한국의 현대사는 어떤가. "조각은 멀리서는 선의 흐름이나 덩어리들이 보이지만 가까이에서는 그게 안 보인다."던 어느 화백의 말이 와 닿는다. 우리 기적의 선(線)이나 덩어리들이 과연 무엇이었는지, 그래서 우리는 어디로 향하고 있는지…이런 물음들이, 지친 내 영혼의 그림자가, 창백한 얼굴이, 수시로 창문을 두드리고 초인종을 눌러댄다.

그래, 경제적 물질적 기적이 그대로 기쁨으로 환원되는 것이 아님을, 우리는 안다. 기적은 그저 물질의 풍요였고, 육신의 비만이었고, 기형이었다. 그 뒤편으로 우리들의 야윈 그림자가, 핏기 없는 얼굴들이 쓸쓸히 배회하고 있는 것이다.

이제 '기적'이란 말도 서서히 옛말이 되어가고 있다. 빈 호주머니에 주먹 꽂고, 허탕치고 귀가하는 삶들이 얼마나 많은가. 막막한 청춘들. 취업도 어렵고, 결혼도 어렵다. 청춘만 그런 것이 아니다. 노년들도 곽곽하다. 누구나 마음먹은 대로 희망을 찾아 어디론가 망명할 수도 없다. 차라리 꿈이 없었다면 아픔도 없었을 터인데. 희망이란 것이 이토록 사치처럼 느껴지는 것은 왜 일까.

삶은 '마지막 어휘'를 찾는 것

따지고 보면 삶은 한 밑천 하고 싶은 것이다. 그런데 그게 어렵다. 갈망하는 만큼 손에 쉽사리 잡히지 않는다. 미꾸라지처럼 빠져 달아나거나, 손가락 사이로 줄줄 흘러내리는 모래 같다. 찾을수록 더 아득해지기만 하다.

"서귀포 앞바다에 비가 내린다./껴안아도/또 껴안아도/아득한 아내의 허리"라는 시인 고은의 시처럼, 욕망은 끝이 없다. 그 무언가의 허리를 칭칭 감고서 놓지 않으려 한다. 명품 가방이든 신발이든, 뭐든 쓸어안으려 하나 그게 만만치 않다. 모두 '아득한 허리'이다. 채워도 채워도 끝이 없다. "그 온갖 도덕 온갖 계명을 갖고서도/사람들은 그다지 행복하지 못하다네/그것은 사람들 스스로 행복을 만들지 않은 까닭"이라는 헤르만 헤세의 시 구절처럼, 제발 시선을 자신에게로 돌렸으면 좋으련만. 자신 속으로 뚜벅뚜벅 걸어 들어가는 시간을 더 늘렸으면 좋겠다.

불교에서는 말한다. 수많은 경전이 결국 "우는 아이 달래는 종이돈"이거나 "밑 닦는 휴지"란다. 누가 아파하며, 울고 있는가? 나 자신이다. 이렇게 쩔쩔매고 있는 우리들을 위한 은유가 가르침들이다. 모두 방편일 뿐이다.

삶은 결국 '마지막 어휘(final vocabulary)'를 찾는 것. 끝내 허탕치지 않고, 한 건 건지는 것. 그러나 그 마지막 어휘 앞에 서면 누구나 아득하고 아찔해진다. 그것은 지금 이곳에는 없고, 늘 저쪽으로 달아나 버린다. 수많은 시간을 우리는 길 위에서 또 얼마나 물어왔던가. "~무엇인가?"라는 물음.

헌데, 그렇게 묻던 말들이, 생각들이, 결국 부질없는 것이라니. 그 물음의 자리에는 깜깜하고도 막막한 들판이 가로막는다. 순간 우리는 '정신적 경련(mental cramp)'을 일으키고 만다. 이럴려고…고작 이걸 보려고…이 짓하려고…여기까지 왔는가 하고 다시 묻는다.

그러나 그런 안면 경련 아니면 몸살로 나자빠질 때, 다시 애써 일어서면서 우리는 크게 배우기도 한다. 바닥을 치고 일어서면서, 한 수씩 또 건지는 것이다. 희망이란 퇴로 없는 현실에서 "내가 왜 살아야 하는지?"를, 다시 또 다시, 묻는 연습 아닌가.

나는 누구에게 '그리운 얼굴'인가?

숨기고 싶은 것이 단지 주름이나 뱃살만이 아니다. 옷장에 넣어둔 옷처럼, 내 얼굴을 마냥 어딘가 깊숙이 쳐 박아 두고 조용히 홀로 살고플 때가 있다. 이름 없는 들판의 꽃처럼, 그냥 아무 뜻 없이 아무렇게나 흔들리고 싶을 때가 있다. 이곳저곳에서 보여주어야 하는 그 많은 '꾸며진' 얼굴을 다 지우고, 그냥 방안에서 홀로 맨 얼굴로 지내고 싶을 때가 있다. 남에게 얼굴을 보이는 일도 피곤한 짓이다.

대학시절이었다. 화장 하지 않은 여자 친구를 길거리에서 만났는데 몰라봐서 한 소리 들은 적이 있었다. 웬 주근깨가 그렇게 많고, 못생겼던지. 그 맨 얼굴은 평소 보던 그 얼굴이 아니었다. 그때 나는 한 사람이 여러 얼굴을 가지고 살아가는 것을 생각하게 되었다. 릴케가 『말테의 수기』에 쓴 한 구절이 떠올랐다. "엄청나게 많은 인간들이 살고 있지만, 얼굴은 그것보다 훨씬 더 많다. 누구나가 여러 가지의 얼굴을 가지고 있기 때문이다."

얼굴은 가끔 다른 누군가와 겹치거나 얽히기도 하다.

요즈음 가끔 고향의 논두렁 밭두렁을 흐느적흐느적 걸어가시던, 노년 한 때 내 아버지의 야윈, 쓸쓸한 뒷모습을, 나는 지금 자신에게서 보게 된다. 울컥 눈물이 난다. 세상을 떠나고 없는 아버지의 모습을, 나에게서 발견하다니. 거울에 스친 내 뒷모습에서, 얼핏 나는 나의 슬품을, 처량함을, 쓸쓸함을 보여주고 말았다. 아, 그것은 내 기억 속의 아버지였다. 야윈 뒷모습이 어디론가 하염없이 터벅터벅 걸어가고 있었던 것이다. 거울이 아니었다면, 저쪽 편에 내 얼굴이 비치지 않았더라면, 감히 알 수 없었을 회상 속에서 나의 노년을 만난 것이다.

따지고 보면 얼굴만 얼굴이 아니다. 온 몸이 다 나의 얼굴이다. 체면(體面)이란 말처럼 '나의 몸(體)'이 곧 '얼굴(面)'인 것이다.

몽테뉴의 『에세』에 나오는 재미있는 이야기 한 대목이 있다. "누가 그랬는지 모르지만 어떤 자가 겨울에 셔츠 바람으로 다니는 거지가 귀까지 수달피 가죽으로 싸고 다니는 자 만큼이나 유쾌하게 지내는 것을 보고, "어떻게 참아내느냐?"고 물어보았다. "한데 나리, 어떠시오?"하고, 그는 대답했다. "나리도 얼굴은 벗었지요. 나는 전체가 얼굴이요." 허허, 온몸이 얼굴이라니! 하긴 맞다.

나는 누구에게 '그리운 얼굴'인가를 물어본다. 나는 아니라지만, 내가 남에게는 아픔이고 절망일 때가 있다. 남은 아니라지만 그대가 나에게 아픔이고 절망일 때가 있다. 내 얼굴이 남에게 아픔이나 폭력이 되지 않았으면 하는 바람처럼, 남의 얼굴이 나에게 서로 부딪히지 않았으면 하는 생각을 할 때도 있다.

보들레르의 산문시집 『파리의 우울』 가운데 「새벽 1시에」를 읽다가 무릎을 탁 쳤다.

"마침내! 혼자가 되었군! …몇 시간 동안 휴식까지는 아니라도 우리는 고요를 갖게 되리라. 마침내! 인면(人面)의 폭력은 사라지고, 이제 나를 괴롭히는 건 나 자신 뿐이리라." '인면의 폭력'이라니. 사람들과 살다보면 꼴도 보기 싫은 사람이 있다. 만나기 싫은 그런 사람을 길거리에서 마주할 때, 그 섬뜩함을, 나는 안다.

보들레르의 말은 이어진다. "마침내! 그러니까 이제 나는 어둠의 늪 속에서 휴식할 수 있게 되었다! 먼저 자물쇠를 이중으로 잠그자. 이렇게 자물쇠를 잠가두면, 나의 고독은 더욱 깊어지고, 지금 나를 외부로부터 격리시키는 바리케이드가 더욱 단단해지는 것 같다."

함께 살아간다는 것은 얼굴을 마주 하는 일이다. 가끔 타자의 얼굴로부터 자유로워지고 싶은 개인들도 있다. 수많은 얼굴 앞에서 그들은 힘들어 한다. 그래서 그릇 속에 그릇이, 또 여러 그릇 속 묻혀들어간 겹겹이상자. 인형 속에 인형이 5겹 6겹으로 숨어든 목제 러시아 인형 마트료쉬카처럼, 자신의 얼굴을 꽁꽁 숨기고플 때가 있다.

집단적, 획일적인 힘, 패거리의 시선과 폭력으로부터 나를 지켜내는 일은 참 어렵고 힘겹다. 자물쇠로 단단히 걸어 잠그고, 보이지 않는 몇 겹의 바리케이트를 치는 일. 그래서 자신의 고독 속으로 얼굴을 묻고 뚜벅뚜벅 걸어 들어가는 길은, 홀로임의 평온과 자유 속으로 얼굴을 지우고 숨어드는 일이다. '독락(獨樂)' - 홀로 있는 즐거움을 찾는 일이다.

사람 속에서 얼굴을 마주하며 살아간다는 것이 얼마나 큰 공부인가. 또 얼마나 큰 기쁨이고 슬픔인가.

'근심 보따리' 선물을 껴안고

"사람은 근심 보따리를 잔뜩 짊어지고 태어난다(人之生也, 與憂俱生)"고 했다. 『장자』의 말이다. 삶은 기쁨만이 아니다. 근심, 걱정, 불안, 우려, 염려(Sorge)를 내복처럼 껴입고 살아간다. 추위를 견디려면 옷을 껴입어야 하듯, 삶을 지키려면 아픔이란 감각을 잘 다듬어두어야 한다. 아픔이 삶의 살갗 역할을 하기 때문이다. 아픔이 있기에 오히려 삶은 더 따스하게 안전하게 잘 유지해 갈 수 있는 것이다.

삶이 건강하다는 것은 아픔을 자연스레 느끼고 거부 없이 잘 반응하는 것이다. 그러면서 내 몸을 깊이, 자세히 알아간다. 여기서 스스로를 가눌 수 있는 힘과 자신감을 터득한다. 내가 내 육신의 사건들을 감당하는 일, 그것이 얼마나 위대한가? 스스로를 남에게 맡기지 않고 직접 관리해가는 일이 얼마나 본질적이고 또 중요한 일인가?

『금강경』에서는 말한다. "나는 수많은 사람들을 구제해줬지. 그런데 미안! 사실은 단 한 사람도 구제한 적이 없다!"고. 스스로의 생로병사를 각자 온전히 떠맡아 감당해 가는 것이다. 따지고 보면 종교도 철학도 각자도생(各自圖生)을 돕는 것일 뿐이다.

결국 모두가 다 혼자다. 그 수많던 친구들도, 이웃들도 언젠가 다 떠난다. 모두들 스스로의 삶으로 바쁘다. 이럴 때 헤르만 헤세의 '안개 속에서'라는 시가 위로로 다가온다.

> ……
> 안개 속을 혼자 거닐면 참으로 이상하다.
> 살아 있다는 것은 고독하다는 것.
> 사람들은 서로를 알지 못한다.
> 모두가 다 혼자다.

우지마라! 인생이란 다 그런 거다! 자신의 허탈, 허탕, 허망을 가만히 껴안아 주고 토닥토닥 추켜 세워주며, 사랑할 수 있어야 한다. "참 고생한다. 수고 많다. 그래~그래~괜찮다"며, 자신과 맨 얼굴로 마주 앉아, 자주 안부라도 물어주었으면 한다.

위로의 인문학
- '배호'라고 적고 '위로'라고 읽는다

나를 키운 팔할은 '바람'(風), 그래서 어쩌라고

서정주는 '자화상'이란 시에서, '스물 세 해 동안 나를 키운 건 팔할이 바람'이라 했다. 생각해보면 세상은 풍진(風塵). 바람과 먼지 아니랴. 나는 바람 '풍(風)' 자를 살짝 '바람'(希ㆍ望)으로 고쳐서 읽기도 한다. 삶은 '꿈=바람=희망' 쪽을 쳐다보기 때문이다.

그런데 참 이상하다. 꿈=바람=희망이 많을수록 더 힘들어지고, 서글퍼진다. 차라리 꿈을 지우고 '꿈 없이' 산다면 더 넉넉하게 살 수도 있는데…. 50을 넘기고서 이 말을 알게 되었다. 이전에는 꿈을 쳐다보며 '꿈, 꿈…'하며 참 많이도 애달파 하곤 하였다.

문제는 꿈이 아니라 몸이다. 몸이 마음을 적절히 한계 지운다. 바라보고 멈추어야 할 선(線)을 쳐 준다. 흔히 몸이 아프면 생각들이 쉽게 정리 될 때가 있다. 중요한 것과 아닌 것이 금방 정리된다. 그렇다 나의 존재(몸)가 의식(생각)의 머리채를 쥐고 흔든다. 원래 존재가 의식을 규정하는 것이다.

허탈할 때, 허망할 때, 절망스러울 때, 흔들리면서 오히려 나는 나다워진다. 내가 규정한 것들, 애써 설계한 것들, 당당하게 쳐놓은 담과 방어선들이 형편없이, 처참하게, 허물어질 때, 나에게 내 자신이 가깝고도 잘 보인다. 나 자신을 가린 장막-연막이 걷히고, 덕지덕지 달라붙은 때가 씻겨나가면 맨살이 보이기 때문이다. 심장과 핏줄의 맥박과 살아있는 신경들을 정직하게 만나고 느낄 수 있기 때문이다.

사실 나는 살로 피로 신경으로 살아서 생각하고, 쓰고, 말하고, 무언가를 희망하고 있다. 그런데도 나는 그것을 잘 모른다. 그런 시간을 많이 가지면 가질수록 자신을 '오롯이 느끼며' 살아가고 있다는 증거이다.

머리로 생각하는 것이 아니다. 몸으로 나를 만난다. 끊임없이 무언가를 마시고 먹는 이 몸. 먹고 마시는 것으로 한정된, 이 몸이라는 책은 사실 하나의 위대한 경전이다. 이 경전은 머리가 아니라 몸으로, '피와 살과 신경'의 살아있는 동안 읽어낼 수 있다. 분노로 부르르 떨리고, 실패와 별리로 쓰리고 아플 때, 비로소 나라는 책의 한 페이지, 한 페이지가 자신의 힘으로 천천히 넘어가고 있는 것이다.

그러니 울어라! 아파하라! 슬퍼하라! 그래도 된다. 괜찮다. 그러는 동안 나는 나를 아주 제대로 읽고 있는 셈이다. 정독(精讀)하고 있는 것이다. 그렇지 않고는 다 읽힐 수 없는 것, 읽히지 않는 것이 몸 아닌가.

몸, '아홉 개의 구멍이 난 상처'

고대 인도인들의 눈에 우리 몸은 상처투성이로, 수행을 위해 그저 유지(보호)하다가 끝내는 버려야 할 것이었다. 참된 나는 거기에 없다. 수행자들은 온갖 물질이 출입하는 감각의 구멍을 잘 알고 잘 다스리는 일이 핵심이다.

『바가바드 기타』에는 인간은 그저 아홉 개의 구멍을 가진 상처라고 보았다. 몸은 상처=아픔의 구멍이 숭숭 뚫린 밭이다. 지혜로운 자는 이 밭을 알고 경작하는 자라 한다.『바가바드 기타』란 거룩한 분(Bhagavad)의 노래(Gītā)를 모은 고대 인도의 경전으로, 대서사시 『마하바라타(Mahābhārata)』제6권에 속하며 18장, 700송의 시로 되어 있는데, 기원전4-2세기경에 성립하였다. 마찬가지로 바가바드 기타 보다 뒤(기원전 150년경)에 성립한, 고대 인도의『미린다팡하』(『미린다왕문경(彌蘭陀王問經)』이라고도『나선비구경(那先比丘經)』이라고도 함)에서도 부처의 말을 인용하여 "육신은 끈적끈적한 살갗에 덥힌 아홉 개의 구멍이 있는 종기와 같다. 부정(不淨)하고 악취 있는 것이 여기저기서 흘러나온다."고 보았다.『미린다팡하』란, 알렉산더의 후예들이 한때 서북인도를 지배했을 때, 그리스계 왕 밀린다(Milinda)가 유명한 불교학승 나가세나 장로(=나선비구)에게 한 질문(panha)-대답 형식의 경전이다.

우리 몸은 아홉 개의 구멍 난 상처를 이곳저곳으로 데리고 다니며, 젖 달라 밥 달라…하며 구걸하고, 먹고 싸고…하면서 세상을 더럽힌다. 그것도 모르고 우리는 그저 그것들을 애지중지 돌보거나 아끼며 토닥토닥 하루하루를 보낸다. 그뿐인가 타자들의 상처에 자신의 상처를 들이대거나 문지르며 상처 입히고, 소통하고 위로받으러 아주 떼를 쓴다.

백석이 시로 간략하게 말했다. "하눌이 이 세상을 내일 적에 그가 가장 귀해하고 사랑하는 것들은 모두 가난하고 외롭고 높고 쓸쓸하니 그리고 언제나 넘치는 사랑과 슬픔 속에 살도록 만드신 것이다"라고. 지상의 모든 것들은 결국 '가난하고, 외롭고, 높고, 쓸쓸하다'.

이 세상에 돋아나는 풀도, 아름다운 꽃들도, 달도, 별도, 삶도, 아픔이고 슬픔이면서, 즐거움이고 기쁨이고 축복이다. 어느 한쪽으로 치우쳐서 읽는다면 잘못이다. 오독(誤讀)이다.

애절한 '그늘'의 노래, 배호에 앵콜! - 나의 아비투스

나는 6,70년대 초딩, 중고딩 시절부터 4차 혁명을 이야기하는 지금까지 그의 노래를 좋아서 부르고 있으니. 말이나 되겠는가. 슬프고 외롭고 힘들 때 나의 위로는 배호의 노래를 듣는 것이었으니, 참 한심하기도 했다.

고백컨대 나는 시골 깡촌에서 태어나 클래식을 들을 기회도 없었고, 삼촌들, 형들 따라서 LP판 레코드에서 흘러나오는 배호 노래를 듣고 자랐다. 말하자면 그게 나의 아비투스(무의식적인 성향, 관습)다. 나만이 아니라 6,70년대 한국사회 혹은 그 이후에도 있어 왔던 무의식이었을지도 모른다.

그런데, 꽃 피는 봄날, 문득 나는 내 속에 자리해왔던 배호(1942-1971)의 노래를 정리하고 싶어졌다. 참 그동안 어지간히도 불러왔으나, 이제 그것과도 좀 결별하고 싶다는 뜻이다. 아무리 작은 결별이라도 결별은 아픈 법. 고등학교 시절부터 나는 참 많이도 헤맸었다. 떠돌았다. 정박할 수 없는 배처럼. 그때마다 배호가 지켜줬으니, 그놈의 의리 하나는 지켜야 하는데…. 이제는 아닌 것 같다. 떠나보내야 할 것 같았다. '잘 가거라!'하고.

한 마디로 배호 노래는 나에게 애절한 '그늘'이었다. 빛이 있으면 반드시 그늘이 있듯, 드러나는 삶에 따라붙는 어두운 구석이었다. 그것은 필시 우리 사회의 그늘이기도 했으리라. 몸이 아프면 신음(呻吟)이 있듯, 사회가 아프면 소리가 있는 법. 소리는 '세상의 음악'(世音)이고, 시(詩)이다. 그래서 음악은 사회의 스토리텔링이고, 시대의 색깔이다. 세상이 아프면 소리가 아프다. 나는 노래가 들려주는 그늘과 아픔을 나의 그늘과 아픔으로 오버랩 시켜 읽어오고 있었다. 그 노래가 나였고, 내가 그 노래였으니, 그런 무조건적인 동질감 속에 나는 한마디로 '노래처럼 애절'해져 있었다. 그만큼 내 속의 그늘을 좀 지워보려니, 좀 아쉽다는 생각이 들었다. 어떤 기회에 '나라는 한 인간의 고백록' 같은 강의를 통해, 씻김굿 하듯 그 노래들을 툭툭 다 털어내고 싶었다. '꿈'이 야무졌다. 결국 개꿈처럼 돼 버리더라도 '나라는 한 인간의 고백록'을 기술할 기회가 주어지면 좋겠다고 생각했다.

마침 대구광역시 달서구의 〈웃는얼굴아트센터〉에서 강의 요청이 와 있던 터. 처음에는 '최재목의 절망과 희망의 인문학'이라는 좀 어색하고 어려운 제목으로 '5회' 강의를 약속했었다. 그런데 실제로 강의를 진행하면서 나는 간결하게 주제를 정리할 필요를 느꼈다. 그래서 주저 없이 '위로의 인문학: 배호라고 적고 위로라고 읽는다'라고 주제를 고쳤다. 그래도 뭔가 좀 무겁다는 생각이 들었다.

처음 하는 강의라 실험적이었고, 두려웠다. 배호를 모르는 사람들도, 별로 좋아하지 않는 사람들도 있었다. [쉿! 아무데서나 배호노래를 부르면 아주 영감 취급을 받으니, 아니 심지어는 격이 떨어지는 아주 우스운 사람으로 보일 수 있으니, 조심해야 한다. 이 말은 내 경험

에서 나온 소리이다.]

배호가 부른 잘 알려진 노래를 들어가면서, 설명을 곁들이면서, 차츰 강의의 맥락을 잡아갔다. 물론 배호 노래로만 채운 것은 아니었다. 그 전후의 문화적, 사회적 맥락도 살펴보기 위해, 이런 저런 것들을 끌어올 수밖에 없었다. 당연히 일본이나 미국으로도, 그 관심이 뻗어나갔다. 롤랑 바르트의 『사랑의 단상』이니 뭐니 시시콜콜한 이야기들도 덧보태질 수밖에 없었다. 모두 배호 노래의 사회사적, 문화사적 의미를 조명하기 위한 방편이었다. 팁으로 색소폰 연주자 장선희씨를 모셔서, 배호 노래를 색다른 음색으로 바꿔 듣는 기회도 가졌다. 대중들의 눈높이에 접근한다는 것은 그 감성에 함께하지 않고서는 불가능하다는 생각에서였다.

불운의 천재 가수 배호. 그는 29세로 요절했다. 재능 있는 시인이나 가수 중에 서른을 채 못 넘기고 29세로 죽은 사람이 많다. 배호도 그렇다. 그 만큼 애틋하고 애절하여, 오랫동안 그를 잊지 못하는 사람들이 있다. 그들의 기억 속에서 배호는 건재하다.

배호의 노래를 다시 음미하며 나는 한 시대를 풍미하던 노래, 그 '절망과 좌절'이 지향하던 '희망과 위로' 다시 생각해보고자 하였다. 아마도 나는 그 언저리 팔부능선 어디엔가 그늘처럼, 마른 나무 둥치처럼, 조용히 투영돼 있었으리라.

사실 내가 그를 불러 세운 것이 아니라 거꾸로 그가 나를 호출해낸 것인지도 모르겠다.

다섯 묶음, '절망=희망' 레이아웃하기

강의는 다음처럼 5부로 나뉘어 진행되었다. 배호노래를 통해서 타자로부터 위로받으려 하지 말고, 자신이 자신을 위로하는, 내가 나를 어루만지고 치유하는 일을 생각해보려 하였다. 배호의 노래를 '위로의 인문학'으로, 아니 내 생각의 막다른 골목까지 몰아붙여서, 다섯 묶음으로, '절망=희망'을 레이아웃 해보려는 것이다.

제1강: '사랑' — 퇴락 · 죽음을 건너려는 맹목적 의지

[들을 노래: 잊을 수 없는 여인/검은 나비/만나면 괴로워/안개 속으로 가버린 사랑/마음의 그림자/애타는 사나이/밤안개 속의 사랑]

사랑이라는 것은 죽음, 그리고 퇴락과 허무를 견디려는 안간힘이다. 유한한 생명의 인간들이 죽음이라는 부재를 건너서려는 수단이다. 그런데 남을 사랑한다는 것은 거짓이며, 사람은 누구나 자기를 더 사랑하기 마련이다. 사랑한다는 말이 많아진다는 것은 사실 타자에 대한 사랑이라기보다는 자기에 대한 불안, 외로움, 쓸쓸함이 증대되고 있는 사회임을 말해준다. 타애(他愛)보다도 자애(自愛)가 고조되고 있다는 말이다. 사랑은 나의 욕망을 남에게 투영하여 나를 확인하려는 것, 그래서 맹목적으로 나를 영속시켜가려는 전략이다. 내가 그리워하는 것은 모두 '나의 그림자'인 셈이다. 애인도, 자식도, 재산도, 정치도, 지적인 노력도, 음식도, 명품도 …. 누군가를, 무엇인가를 열렬히 사랑하면 사랑할수록 나는 그(그것)로부터 갑이 아니라 을이 되어가고, 결국에는 그 갑이 을인 나를 먹고 튀어버린다. 사랑하는 대상은 늘 이리저리 날아다니는 철새이거나 이 항구 저 항구를 떠도는 배이기 때문이다.

하여, '철새나 배를 사랑하지 마라, 자신을 사랑하라'는 것이다.

제2강: '터벅터벅 걸어가는'– 체념 혹은 달관의 걸음걸이

[들을 노래: 추억의 오솔길/황토십리길/굿바이/영시의 이별/울면서 떠나리/울고만 싶어/사랑은 하나/조용한 이별/울기는 왜 울어/웃으며 가요]

나는 최근 배호 노래에서 참 소중한 어휘를 발견하였다. '터벅터벅'이라는 말이다. 터벅터벅은 의태어이자 의성어이다. 몸에 힘을 빼고, 아니 '힘이 빠져서', 그냥 아무 목적 없이, 무표정하게 걷는 체념=달관의 걸음걸이이다. 자발적 체념으로 해서 달관에 이른 모습이다. 비유하자면 거지가 됨으로써 철학자가 된 것과 같다. 존재론적이 아니라 인생론적 소요유(逍遙遊)이다. 터벅터벅은 화두를 거머쥐고 진리를 찾아 떠도는 선사(禪師)들의 발걸음에서도 보이는데 한자어로는 득득(得得), 특특(特特)이라 한다. 비포장 시골길을 걸어본 사람들, 특히 시골 논둑밭둑의 황토길을 걸어본 사람들의 걸음에서, 정처 없는 나그네의 보행에서 어김없이 따라붙는 표현인 터벅터벅은 '지향-목적'을 다 내려놓은 것이다. 그것은 영원으로 향하는 발걸음이기도 하다. 한국인 특유의 어법이다.

제3강: '당신' – 나의 그림자 · 썼다가 지울 이름

[들을 노래: 당신/그 이름/기적 슬픈 새벽길/다뉴브강의 잔물결(사의 찬미)/비겁한 맹세/파도/안녕]

유독 우리말 속에 '당신'이 많다. 당신이라는 말을 많이 쓰기 때문이다. 이인칭 대명사인 당신은 '상대방=너'를 아주 높여서 부르는 것인

데, 참 다양하게 쓰인다. 상대를 낮춰서 부르거나("당신 말이야..." 식
으로) 매우 높여서 부르거나("당신께서 주신..."식으로), 사랑하거나
(애인, 부부 간) 밉고 짜증나서 싸움 걸거나 간에 당신이라고 한다. 사
랑할 때도 싸울 때도, 개인에 대해서도 사회나 정치권에 대해서도, 쓴
다. 특히 노래에서는 쓰이는 당신은 주로 '그립고', '떠나고', '만날 수
없는' 사랑의 대상이다. 당신은 나의 그림자이자 '썼다가 지울' 이름,
아니 '부르다가 내가 죽을' 이름이다. 그런 당신 앞에서 나는 운다. 갈
대처럼 흔들리며 그리워한다. 당신이 '부재'의 대명사였듯이 낙엽, 비,
파도 등도 마찬가지이다, 떨어지고, 떠나고, 떠돌고, 부서지는 것. 그
리움 끝에 머무는 당신은 그렇다. 그런데 우리 사회에서 이런 당신에
대한 의식도 차츰 변해 왔다. 당신을 객관화하고, 나와 대등한 관계로
이해하게 된다. 당신이 문제가 아니라, 갈대를 따라 흔들리는 그림자
가 나의 그림자임을 알게 된다. 당신으로부터 내가 독립되어 나오고,
당신은 당신대로 하나의 격(格)을 얻게 된다. 나와 동등한 인격자인
당신이기에 나와 당신은 서로가 서로를 위로하는 것이지, 어느 한쪽
만이 위로받거나 받으려 들지 않는다. 이후 '당신들의 천국'이나 '당
신(너) 고소할거야!'라는 삿대질처럼, 사회적, 정치적 당신도 나타난
다. 당신이란 표현법에서 우리 스스로가 성숙되어 나오는 문법을 얻
어낼 수 있다.

  제4강: '파란 · 낙엽' – 데카당스의 손놀림 · 손수건
  [들을 노래: 황금의 눈/안개긴 장춘당공원/마지막 잎새/낙엽따라
가버린 사랑/파란 낙엽]
  6-70년대의 세기말적 사조

"그리우면 왔다가 싫어지면 가버리는/당신의 이름은 무정한 철새"
라는 노래처럼 낙엽도 철따라 오는 철새를 닮아있다. '낙엽 따라 가
버린 사랑'에서 알 수 있듯, '낙엽⋯가버린⋯사랑' 서로 어딘가 닮은
한 가족 어휘들이다. 낙엽에서 우리는 종말=종언=멸망=퇴장=허무
의 냄새를 맡는다. 낙엽의 이미지는 전이(transition) 혹은 재해석의
떨림(바이브레이션) 과정을 겪는다. 한국사회라는 시공간에서, 우리
의 에토스-마인드와 만나, 낙엽이라는 어휘가 새롭게 감성적으로 '찜'
을 당한다. 이렇게 찜 당하는 것을 '점령+소유' 줄여서 '영유'(領有,
appropriation)라고 한다. 그 과정에서 낙엽은 추억-낭만-애상을, 혹
은 슬픔-비극-체념-번민이나 부재-종언을 표상한다. 물론 낙엽에서
우리는 비극-부재-멸망만을 얻어내거나 투영한 것은 아니었다. 조
락-추락하는 세계의 물리적 법칙을 그대로 관조하는 미적, 예술적 경
지도 보여준다. 어쨌든 낙엽은 가족유사성이 있는 언어(가을, 저녁, 추
억, 고향생각, 어머니 얼굴, 텅 빈 벤치, 가로등, 찬바람, 싸늘함, 소슬
함, 쓸쓸함, 떨어짐, 휘날림, 떠남, 사라짐, 이별, 요절, 죽음, 마지막⋯),
이미지, 물건과 결합하여 예술적 은유를 만들어내기도 한다. '에크프
라시스'(ekphrais)이다. 그림-모양 등의 시각적 대상을 '글'로 표현하
는 기법 같은 것이다. 고기(魚)가 붕새(鵬)로 바뀌는 『장자(莊子)』의
물화(物化)에서 보듯, 'A→B→C→D→E→F⋯' 식으로 사물-사건이
전이되어 가면서 경계가 허물어진다. 그림이 들리거나 글로 쓰여지는
것, 음악이나 시가 그림이나 조각으로 만들어지면서 새로운 창조가
탄생하듯, 낙엽은 우리의 친밀한 어휘-이미지들과 결합하면서 6,70년
대 아니 그 이후에도 한국사회의 민낯을 보여주었다. 배호의 노래가
'파란낙엽'처럼 애닯고 쓸쓸하고 슬픈 것만이 아닌 까닭은, 그것이 바

로 우리 자신의 초상(肖像)이기 때문이다. 유년의 사진첩을 뒤지다가 발견한 내 추억의 흑백사진 같기 때문이다.

제5강: '비' – 대지의 품에 안기려는 슬픈 헛발질 · 비극의 박자

[죄 많은 밤비/비오는 남산/비내리는 명동/막차로 떠난 여자/비내리는 경부선/돌아가는 삼각지/누가 울어]

비만큼 다양한 은유를 가진 것도 없을 것이다. 한편으로는 '눈물=이별, 배신, 별리의 아픔, 눈물울음, 슬픔, 고독, 우울' 혹은 '슬픔, 분노, 절망'을, 다른 한편으로는 '씻김, 해소, 정리, 정화, 가라앉음, 차분'을, 나아가서 비는 '행복, 사랑, 은총(時雨, 가뭄에 단비, 봄비)' 혹은 '낭만, (개인 뒤의 밝은 날을 기대하는) 희망'을 은유한다. 나는 '비'를 '대지의 품에 안기려는 슬픈 헛발질 · 비극의 박자'라고 단정했지만, 그것은 비가 마치 하늘에서 내려 대지(땅)를 적시는 것처럼, 남성적인, 성적인 은유를 생각해서이다. 구스타프 크림트의 그림 '다나에'를 생각해본다. 아르고스 왕 아크리시오스(Acrisios)가 딸 다나에(Danae)를 지하의 청동으로 된 방에 가두어 놓고 어떤 남자도 접근할 수 없도록 하자, 하늘에서 이를 지켜보던 제우스는 황금 빗물로 변신하여 그녀의 두 무릎 사이로 스며들어 교접하였다는 이야기가 떠오른다. 비-빗물은 천상=남성이 성으로 대지를 지배하는 은유이다. 중국의 고전 『회남자(淮南子)』(「본경훈本經訓」)에는 "창힐이 글자를 만들자 하늘에서 비 오듯 곡식이 내리고 귀신들은 밤에 곡을 하며 울었다(昔者倉頡作書, 而天雨粟, 鬼夜哭)"는 이야기가 있다. 다시 말하면 중국 고대 황제(皇帝) 때, 창힐(蒼頡)이 글(書)을 만들자 하늘(天)은 백성들이 이런 지엽적인 일에 몰두해 농사를 소홀히 하여 굶어죽을까 걱정해 좁쌀(粟)을 비로 내려 보냈고, 귀신(鬼)은 문자로 인해 질책 받거나 인간들이 진실로부터 멀어져 말단의 허위에 골몰해 굶주릴까봐 밤새 슬피 울었다는 내용이다. 비는 하늘이 대지의 인간에게 내려 보내는 선물이다. 그리고 그것은 자애로운 하늘의 눈물이다. 유학(儒學)의 '유(儒)' 자도 '빗물에 수염이 젖은 사람'을 말한다. 가뭄에 하늘의 비를 청하는 샤먼들은 목욕재계를 해야 한다. 당연히 물에 수염이 젖어서 늘어져 있다. 뚝뚝 떨어지는 물방울. 영화 '사랑은 비를 타고'에서 보는 빗속의 경쾌한 남성의 춤. 시우(時雨)=가뭄에 단비=은총. 비는 대지의 품에 안기려는 기쁘면서 슬픈 헛발질이다. 비는 한편으로는 희망이고 한편으로는 절망이다. 자신을 남에게 던져서 자신은 죽고 남을 살리기(=적시기) 때문이다. 그래서 희극이면서도 비극의 박자라 표현하였다. 우리 가요사에 비 노래는 수도 없이 많다. 특히 배호의 비는 절망의 눈물이었다. 그래서 '대지의 품에 안기려는 슬픈 헛발질·비극의 박자'라고 밖에 표현할 수 없다.

배호 노래, 우리 현대사의 『시경』

희망과 위로는 절망과 좌절의 저편에서 서로 대립해 있는 것이 아니라, 절망과 좌절을 '따뜻하게' 응시할 때 바로 그 자리에 희망과 위로가 보인다.

이 때 배호의 노래가 다시 '우리 곁으로 다가선다'='조용히 말을 걸어온다' 중국 고대의 『시경』이 당시의 영혼들을 달래는 대중가요이자 위로의 시편(=노래)이었듯이, 배호의 노래 또한 '대중가요=경(經)'으로서, 한 시대 희망과 위로의 '근거'였다.

배호의 노래를 들으면 우리 역사의 밑바닥에, 오래 전부터 우두커니 버티고 서 있었던, 세기말적 데카당스(퇴폐주의), 니힐리즘(허무주의)을 만난다. 좀 다르게 이야기 하면, 우리 속에 있었던, 세기말 비엔나가 보여준, 쓸쓸한-고독한 정신사를 만난다. 아버지(애비)의 죽음, 터벅터벅 걸어가는 절망과 체념의 걸음걸이, 비-마지막 잎새처럼 대지에 안기려는, 그러나'비극의 박자'를 만난다. 그 허망한 소리침-몸짓-손짓-눈빛들이 바로 우리의 르상티망(恨)과 불안의 표현이었다. 이것은 우리의 아비튀스 즉 우리들에게 전승되어 온 무의식적인 성향=관습이었다.

배호를 듣고-읽는 것은 바로 나를 보고-듣고-읽는 것, 내가 나를 위로하는 이른바 '위로의 인문학'이 되는 것이다.

위로+인문학='위로의 인문학'

누구나 한번쯤 위로 받고 싶을 때가 있다. 왜? 모두들 상처받고 살아가기 때문이다. 물론 행복에 겨운 사람도, 근심걱정 하나 없는 사람도 있을 수 있겠지. 위로와 무관한 그런 사람들은 또 그렇게 편하게 살다 편하게 죽어 가라! 그러면 된다. 그러나 이런 사람들이 몇 명이나 되랴? 그렇게 많지 않으리라. 누구나 절망과 곤경을 경험할 수 있고, 그때 그때 누군가의 따뜻한 말 한마디, 부드럽고 따사로운 손길로 어루만져주고 챙겨주기를 원할 때가 있다. 어루만짐 쓰다듬음을 원하였기에 '천개의 손과 눈을 가진 보살'(千手千眼)도 나왔으리라.

한편 이 세상에 산다는 것은 세상의 간섭을 받는다는 것이다. 해와 달과 별과 수많은 인간의 지켜봄=눈길(十目) 즉 '시선' 속에서 살아간

다. 그리고 시간과 공간과 뭇 사람들의 지성(多衆·集團지성)의 가리
킴=손가락질(十手) 즉 '닦달' 속에서 살아간다. 시선과 닦달은 양날의
칼이다. 그 안에 들어가고 싶기도, 달아나고 싶기도 하다. 그것을 원하
기도, 원치 않기도 한다.

그런데, 위로(慰勞. consolation)란 무엇인가? '따뜻한 말이나 행동
으로 괴로움을 덜어 주거나 슬픔을 달래 주는 것'을 말한다. 사람들은
대부분 즐거움과 기쁨은 플러스로, 괴로움과 슬픔은 마이너스로 되길
바란다. 어디, 그게, 마음대로 되던가.

그런데 왜 사람들은 상처를 받는가? 마음-감정-심리를 가졌기 때
문이다. 감정으로 만들어진 상처는 외상(外傷)이 아니라 내상(內傷)
이다. 내면적 상처, 즉 심리적, 정서적, 감성적 상처를 말한다. 바깥의
상처는 보이는 것으로 치유되기 쉽다. 그런데 안쪽의 상처는 보이지
않거니와 섬세하여 치유되기가 어렵다. 치유된다 하더라도 시간이 많
이 걸린다.

그러나 스스로의 삶을 잘 유지해 가려면 '견딜' 수 있어야 한다. 현
실은 수시로 우리 심장(心)에 칼(刃)을 들이대기에, 살아남기 위해서
는, 칼날에 닿은 부위가 고통을 동반하지만 아픈 줄을 알면서도 어쩔
수 없이 견뎌야(忍)만 한다. 견딘다는 것은 '참고 지낸다'는 것이다. 참
고 지내기 위해서는 지혜와 용서, 인내와 수용이 필요하다. 이런 가치
들은 타고난 것이 아니라 대부분 후천적으로 습득되는 것이다. 자연
적인 것이 아니라 인위적이며 당위적, 역사적이며 사회적인 것이다.
한 마디로 인문적인 것이다.

인문학은 사람(人)의 무늬(文)를 말한다. 무늬란 '물건의 거죽에 어
룽져 나타난 어떤 모양'인데, 어룽져 있다는 것은 '어룽어룽한 점이나

무늬가 생기는 것'이다. 인문학이란 생물학적 삶의 기반 위에 쌓은 '지혜-문화의 무늬'이다. 그것은 사람이 만드는 것이지 사물들이 만드는 것이 아니다. 사람들의 살과 피와 신경으로 엮는 것이다.

가장 큰 위로는 고통의 의미를 잘 이해하는 일이다. 고통은 그 의미를 알 때, 고통이 아닌 것이다. 실패도 좌절도 그 의미를 알 때 그것은 그것이 아닌 것이다. "어떤 고통이든 다 '의미'가 있다!" 빅터 프랭클이 『죽음의 수용소에서』라는 책에서 한 말이다.

'의미'는 한 마디로 '뜻'이다. 참고로 의미라는 어휘는 원래 중국 원나라의 양재(楊載. 1271-1323)가 쓴 시(叙裵詩)에서나 남송시대 주자의 「독서법(讀書法)」(『주자전서(朱子全書)』)이란 글 속에서 잠시잠시 보이던 것이었다. 이것이 근대기 일본에서, 영어 'meaning' 등의 서양어를 번역할 때 채택된 것이다. 이렇게 '근대일본한어'(近代日本漢語)로 탄생한 뒤, 우리나라에는 1895년 유길준의 『서유견문』에서 처음 사용되었고, 현재 거의 모든 분야에서 쓰이고 있다.

함석헌이 쓴 『뜻으로 본 한국역사』(원래는 『성서적 입장에서 본 조선역사』)의 '뜻'처럼, 역사도 하느님도 부처님도 진리도 아름다움도 다 '뜻'이다 '의미'이다. '의미'는 다양하게 묻혀있다. 사랑하는 사람으로도, 인간관계로도, 자신의 미모나 건강으로도. 소중하다고 여기는 그것(의미)을 깡그리 잃어버릴 때, 산상이 부서지고 말았을 때, 우리는 좌절하거나 심지어는 목숨을 끊기도 한다. 그러나 슬퍼할 것 없다. '안락에서 살아나고 풍요에서 죽어간다'(生於憂患, 死於安樂)고, 맹자가 말했듯이 역설적으로 삶은 의미 속에서 죽어가고, 무의미 속에서 다시 살아날 수 있다는 것이다. 산산이 조각난, 깡그리 부서진 그 자신을, 그 의미를 알아듣고, 껴안을 수 있을 줄 무의미는 의미로 변환된

다. 비극을 비극자체로 사랑하며 수용할 때 그것은 희극이 된다. 위로
는 이런 의미이다.

배호라고 적고 위로라고 읽는다!

내가 배호의 노래를 들어왔던 이유를 나는 알고 있다. 그리고 우리
사회에서 누군가 그의 노래를 들어왔던 그 진정한 의미를 이해할 만
하다. 고통의 의미를, 배호 노래를 통해서 알고자 했던 것이다. 스스로
의 고통과 좌절과 실패를 배호노래로 기념해주고, 위로해주면서, 자신
의 그늘과 측은함을 당당하고 건강하게 넘어서려 했던 것이다. 그렇
다면 배호의 아픈 노래 소리는 슬픔이 아니라 위로와 축복의 소리가
아니었던가. 하여 나는, 배호라고 적고 위로라고 읽는다!

최 재 목

현재 영남대학에서 철학(동양철학)을 강의하는 최재목은 상주군 모동면이라는 시골 산골에서 태어나, 어릴 적부터 시를 쓰기 시작하여, 고등학교 때부터는 본격적인 시작(詩作) 활동을 하였다. 대학 시절에 첫 시집을 내며 왕성한 작품 활동을 하였다. 1987년 일본 유학을 하던 때 대구매일신춘문예에 '나는 폐차가 되고 싶다'는 시로 등단하였다. 이후 철학 교수가 된 뒤에 『나는 폐차가 되고 싶다』, 『가슴에서 뜨거웠다면 모두 희망이다』, 『길은 가끔 산으로도 접어든다』, 『해피만다라』 등의 시집을 낸 바 있다. 특히 딱 열(10)자로만 쓰는 이른바 '열자 시'를 처음 시도하여, 『잠들지 마라 잊혀져간다』로 엮은 바 있다.

최재목은 시인으로 활동하면서, 틈틈이 그린 그림과 에세이를 담아 『시를 그리고 그림을 쓰다』라는 책을 펴냈다.

또한 세상과의 걸림 없는 글쓰기에 대한 구상을 풀어낸 『늪-글쓰기와 상상력의 유비쿼터스 네트워크-』, 네덜란드에 머물며 유럽의 이곳저곳을 여행하면서 인문학-철학의 안목에서 그 풍경과 의미를 스케치한 『동양철학자 유럽을 거닐다』와 같은 책을 펴냈다.

최재목은 그동안 전문적인 철학 활동 외에도 칼럼니스트로, 미술·사진·문학·예술 등의 문화평론가로서 활동하며, 많은 철학-인문학-문화-고전에 대한 대중강의를 해오고 있다. 이러한 최근의 활동은 『터벅터벅의 형식』, 『길 위의 인문학-희(希)의 상실, 고전과 낭만의 상처』, 『상처의 형식과 시학』으로 일부 드러나고 있다.

길 위의 인문학

초판 인쇄 | 2018년 1월 20일
초판 발행 | 2018년 1월 20일

지 은 이 최재목

책 임 편 집 윤수경

발 행 처 도서출판 지식과교양
등 록 번 호 제2010-19호
주   소 서울시 도봉구 삼양로142길 7-6(쌍문동) 백상 102호
전   화 (02) 900-4520 (대표) / 편집부 (02) 996-0041
팩   스 (02) 996-0043
전 자 우 편 kncbook@hanmail.net

ISBN 978-89-6764-110-8   03100   정가 15,000원